FORMATION PRATIQUE

CONSEIL EN GESTION DE PATRIMOINE

Claude HAJOS

Texte intégral Article L.111.1 du Code de la Propriété Intellectuelle : « L'auteur d'une œuvre de l'esprit jouit sur cette œuvre, du seul fait de sa création, d'un droit de propriété incorporelle exclusif et opposable à tous. Ce droit comporte des attributs d'ordre intellectuel et moral, ainsi que des attributs d'ordre patrimonial. » All rights reserved. Tous droits réservés pour tous pays. Le Code de la Propriété intellectuelle interdit les copies ou les reproductions destinées à toute utilisation autre que privée. La représentation ou la reproduction intégrale ou partielle, par quelque procédé que ce soit, sans le consentement de l'auteur ou de ses ayants droits, est illicite et constitue une infraction sanctionnée par le Code Pénal.

Du même auteur

- Les erreurs dans l'immobilier – Les erreurs des acheteurs, des vendeurs et des professionnels
- Formation promotion immobilière – Stratégie pour se lancer dans la promotion immobilière
- Formation commerciale conseil en gestion de patrimoine
- Formation commerciale pour agents, négociateurs et mandataires en immobilier
- Comment bien choisir son réseau de mandataires
- Cinq méthodes pour booster votre activité de CGP
- Vendre de l'immobilier de prestige
- Comment booster votre activité d'agent, de négociateur ou de mandataire en immobilier
- Construire sa maison – Le guide pratique
- La vente en VEFA – Stratégie pour vendre de l'immobilier neuf
- Comment créer sa propre agence immobilière

- Comment écrire un roman
- Comment écrire un ebook
- Comment écrire un article
- Comment écrire une nouvelle
- Comment écrire une pièce de théâtre
- Comment écrire un scénario
- Comment écrire son autobiographie

- Le Politicard tome 1 (*Les aventures complètement loufoques de Coco Chanoune*)
- Le Politicard tome 2 (*Y a-t-il un candidat dans la salle ?*)
- Le Politicard tome 3 (*Recherche Modjo désespérément*)
- Le Politicard tome 4 (*Vos gueules les mouettes !*)
- Le Politicard tome 5 (*Chaud devant à Brégançon*)
- Le Politicard tome 6 (*Boycott*)
- Le Politicard tome 7 (*Madame Irma*)
- Le Politicard tome 8 (*Bakchich*)
- J'aime tous les Juifs sauf ma mère...

- Deux pieds dans la chambre, un pied dans la tombe tome 1 (*Le contrat*)
- Deux pieds dans la chambre, un pied dans la tombe tome 2 (*L'exécution*)
- Deux pieds dans la chambre, un pied dans la tombe tome 3 (*Coup de théâtre*)
- Meurtres au Club Med tome 1 (*Macabre découverte*)
- Meurtres au Club Med tome 2 (*Panique à bord*)
- Meurtres au Club Med tome 3 (*Investigations*)
- Les gogos tome 1 (*Limit-up & limit-down*)
- Les gogos tome 2 (*Appel de marge*)
- Les gogos tome 3 (*Cash*)
- Comment arrondir ses fins de mois volume 1
- Comment arrondir ses fins de mois volume 2
- Comment arrondir ses fins de mois volume 3
- Les chroniques de Raoul volume 1
- Les chroniques de Raoul volume 2
- Les chroniques de Raoul volume 3
- Les chroniques de Raoul volume 4
- Poker gagnant (la vraie méthode)

*
* *

PREAMBULE 9
   1 - POURQUOI DEVENIR CGPI 12
   2 - GENERALITES 16
   3 - LES CRITERES 18

PREMIERE PARTIE 22
LA PRISE DE RENDEZ-VOUS 22
   4 - L'AGENDA 23
   5 - LE PHONING 33
   6 - LE TERRAIN 44
   7 - INTERNET 49
   8 - LA PREPARATION 50

DEUXIEME PARTIE 53
LE PREMIER RENDEZ-VOUS 53
LA PHASE UNE 53
   9 - PRELIMINAIRE 54
   10 - MISE EN SITUATION 57
   11 - LE RENDEZ-VOUS COMMENCE 59
   12 - LE RENDEZ-VOUS SE TERMINE 69
   13 - AVANT DE PARTIR 75

TROISIÈME PARTIE 76
LE DEUXIEME RENDEZ-VOUS 76
LA PHASE DEUX 76
   14 – BON A SAVOIR 77
   15 - MISE EN SITUATION 79
   16 - LE RENDEZ-VOUS COMMENCE 83
   17 - LE RENDEZ-VOUS SE POURSUIT 88
   18 - LA FIN DU RENDEZ-VOUS 92
   19 - AVANT DE PRENDRE CONGE 99

QUATRIEME PARTIE **102**
ATTITUDE ET PSYCHOLOGIE **102**
  20 – UN POINT ESSENTIEL 103
  21 - AVEC LE TEMPS.. 106
ANNEXES.. **109**
  A - LA TRAME PHONING 110
  B - LA TRAME PHASE UNE 112
  C - LA TRAME PHASE DEUX...118
  D - LA FICHE DE RENSEIGNEMENTS 125
  E - LA LISTE DES DOCUMENTS 129

PREAMBULE

Avancer de commencer, permettez-moi de me présenter. Durant près de quarante ans, j'ai baigné dans l'immobilier.

C'est ainsi que j'ai travaillé de nombreuses années dans la gestion de patrimoine. D'abord au sein d'un groupe très connu à l'époque pour ses techniques de commercialisation, puis en tant que conseiller indépendant. Autant dire que je connais parfaitement tous les mécanismes permettant de défiscaliser mais également tous les placements et autres montages financiers associés.

Par ailleurs, j'ai exercé en tant que mandataire immobilier dans des réseaux 100 % internet parmi les leaders sur le plan national.

J'ai également été promoteur immobilier. Par exemple, pour ma première promotion, j'ai réalisé un programme de 57 logements en trois tranches. J'ai également fait de la réhabilitation de logements anciens.

Enfin, j'ai été agent immobilier à mon propre compte, titulaire de ma carte professionnelle.

Autant dire que je maîtrise aussi bien la vente dans le neuf que dans l'ancien.

Fort de ces diverses expériences, je vous invite à me suivre dans cette **formation pratique conseil en gestion de patrimoine,** qui intéressera non seulement les débutants mais également les confirmés, car ils y trouveront forcément des petits « plus » lesquels vont probablement leur permettre d'augmenter leur chiffre d'affaires. Alors pour devenir un bon professionnel du conseil en gestion de patrimoine, plus communément appelé CGPI (*conseiller en gestion de* *patrimoine indépendant*), il y a un certain nombre d'étapes à franchir. On va donc supposer que vous vous lancez dans cette activité et que tout est nouveau pour vous. Car il faut savoir que pratiquement la plupart des CGPI ont connu des parcours différents.

En théorie, c'est une profession que l'on peut pratiquer à un très jeune âge, dès dix-huit ans, pourquoi pas, sauf que... Dans la pratique, il faut avoir une certaine expérience de la vie, un certain vécu, « de la bouteille » comme on dit. Car imaginez un petit jeune qui démarre dans la vie et qui va voir un type d'une cinquantaine d'années, propriétaire de plusieurs biens immobiliers, avec toute une panoplie de placements (*assurance vie, actions, obligations...*) pour le conseiller dans sa gestion privée. Ce ne serait pas très crédible, n'est-ce pas ? En fait, la maturité et la personnalité de chacun seront déterminantes pour la suite de la carrière.

Ceci dit, cette formation pratique est uniquement basée sur le commercial.

Pour cette raison, nous ne nous occuperons pas des produits. Mais quand même, sachez qu'en matière de gestion de patrimoine, il y a deux grandes familles de supports sur lesquels un CGPI va principalement s'appuyer : l'immobilier et plus particulièrement l'immobilier défiscalisant, ainsi que les placements financiers, avec une prépondérance sur tout ce qui a rapport à l'assurance-vie.

(à ce sujet, il faut savoir que l'assurance-vie représente entre 70 % à 75 % des encours des produits distribués par les conseillers en gestion de patrimoine indépendants ou CGPI)

Alors bien sûr, il y a des tas d'autres supports, comme les devises, les métaux précieux, les terres rares, les œuvres d'art comme les tableaux et les statues par exemple, les forêts, les vignobles, l'immobilier décoté, l'investissement solaire, l'immobilier événementiel, les manuscrits anciens, etc...

Donc comme je vous le disais, toute la partie technique vous sera parfaitement présentée et développée par vos différents mandants, au cours de leurs formations et de leurs séminaires. En effet, c'est à eux de vous expliquer et de vous former sur le fonctionnement de leurs produits et des montages proposés, de vous prévenir des dangers inhérents aux investissements plus ou moins risqués et de vous former de manière à ce que vous puissiez présenter à votre tour, leur produit en clientèle. Par contre, la partie commerciale est rarement abordée car très souvent, ils partent du principe que vous savez vendre. VENDRE. Le mot est lâché !

Car au-delà de sa mission et de son devoir de conseil, le CGPI va toujours chercher à refiler (*pardonnez-moi l'expression mais il faut bien appeler un chat par un chat*) quelque chose qui puisse lui rapporter.

Parce qu'entre nous, quel est l'intérêt pour un conseiller en gestion de patrimoine de se rémunérer uniquement sur ses conseils ?

C'est bien connu que dans notre pays, les gens n'aiment pas payer, alors pourquoi iraient-ils payer des conseils qu'ils peuvent les obtenir gratuitement auprès d'une banque ou d'un assureur ?... Car si vous ne voulez vivre que sur la facturation de vos conseils, alors autant gagner du temps et trouvez-vous une autre activité !

En fait, le CGPI peut bien gagner sa vie et même très bien la gagner, à condition qu'il ait quelque chose à vendre. Car dans la pratique, c'est un vendeur qui va apporter quelques conseils, plutôt qu'un simple conseiller qui n'aura jamais rien à vendre !

1 - POURQUOI DEVENIR CGPI

CGPI veut dire conseiller en gestion de patrimoine indépendant. En d'autres termes et du fait de son indépendance, le CGPI va devoir se prendre en charge. Il n'a pas d'employeur, il n'est donc pas salarié, et en dehors de ses clients, il n'a de compte à rendre à personne. Il travaille comme il l'entend, à ses jours et à ses heures, il peut prendre autant de vacances qu'il le désire et il peut avoir une vie familiale paisible et heureuse. Tout cela est vrai.

Mais attention, un CGPI qui veut réussir va devoir beaucoup travailler, il ne devra pas compter les heures et il sera constamment en déplacement.

Tout simplement car c'est une activité que l'on pratique, le plus souvent, chez le client. On va vers le client. Si vous attendez qu'il vienne à vous, autant ne pas vous y lancer !

Bon ceci dit, il faut savoir qu'un bon CGPI peut facilement gagner plus de cent mille euros par an. ***Et beaucoup plus même !...***

Avec seulement une affaire par mois (*par exemple en vendant de l'immobilier défiscalisant, c'est à dire susceptible d'engendrer des économies d'impôts pour l'investisseur*) un conseil en gestion de patrimoine peut obtenir un très bon niveau de vie. Et si en plus, il peut collecter tous les mois rien que pour dix mille euros en assurance vie par exemple, soit cent vingt mille euros par an, il percevra quelques substantielles commissions. (*Souvent aux alentours de 4 % soit pas loin de cinq mille euros*) Alors imaginez ce que cela va donner avec cent mille euros placés par mois, à 4 % de commissions...

Mais surtout et cerise sur le gâteau, il va se constituer ce qui s'appelle du récurrent. Le récurrent est un pourcentage qu'il perçoit chaque année sur la gestion des encours accumulés. Ils tournent en général aux alentours de 0,1 à 0,5 % selon la rémunération prévue par la société de gestion et des produits proposés. Par exemple, pour cent vingt mille euros d'encours, il percevra aux alentours de quatre mille euros. Mais il faut savoir qu'un bon CGPI va constamment augmenter ses montants collectés auprès de sa clientèle, pour dépasser très vite le million et multiplier par deux, par trois, par quatre, par autant qu'il le veut, car il n'aura pas de limite. Par exemple, avec un million d'euros collectés et gérés par son fournisseur de produits en placements financiers, cela rapporte chaque année et sans rien faire, dans les quarante mille euros de récurent !

C'est ainsi qu'au bout d'une dizaine d'années, certains CGPI démarrent leur année avec cent mille euros (*et même beaucoup plus pour les plus performants*) rien que sur le récurrent et sans rien faire !

L'objet de cette formation pratique conseil en gestion de patrimoine, est d'expliquer les différentes étapes susceptibles de vous mener vers votre réussite. Nous parlons bien des étapes commerciales, sans lesquelles vous ne pourrez jamais devenir un bon conseiller en gestion de patrimoine.

1 - La première étape, qui est de loin la plus délicate, la plus compliquée, pour ne pas dire la plus dure, consiste à trouver des clients. C'est de très loin, la partie la plus rébarbative du métier car c'est un passage obligé. Mais rassurez-vous, c'est lorsque l'on démarre et uniquement lorsque l'on démarre. Car par la suite, l'expérience aidant, on va utiliser dans la mesure du possible, les recommandations des clients actuels pour en trouver d'autres. Mais pour arriver là, il faudra bien aller à la pêche aux rendez-vous, pour les obtenir !

2 - La deuxième étape, que nous nommerons **phase une**, suppose que vous ayez réussi à obtenir un rendez-vous avec peut-être un futur client. Vous allez au cours d'un rendez-vous, rencontrer pour la première fois votre prospect. Votre rôle consiste à susciter l'intérêt de votre interlocuteur, en vue de lui proposer une opération financière adaptée à ses besoins, et qui sera développée au cours d'un rendez-vous ultérieur. A ce stade, vous effectuez votre premier entretien, avec le prospect dont le rendez-vous aura été fixé antérieurement, par contact téléphonique. Votre attitude, durant cette étape, sera particulièrement déterminante et vous devrez impérativement maîtriser votre technique de vente tout en donnant l'impression de ne pas vendre ! Du grand art, quoi ! Au début, c'est un peu compliqué mais avec le temps et la pratique, tout vient à point.

    3 – La troisième étape, que nous nommerons **phase deux**, sera celle du second rendez-vous, qui suivra de quelques jours le premier rendez-vous. Elle devra être celle de la validation et de la réalisation de l'opération financière que vous aurez présentée. Cette étape dépend entièrement de la précédente et ne devra être en principe, qu'une simple formalité. Enfin presque... A condition de bien maîtriser l'aspect technique de votre activité. Or vous allez vous en rendre compte par la suite, la maîtrise de l'aspect technique va dépendre de la première étape ! Et du reste, c'est tout à fait logique. Car en fait, au plus vous aurez de rendez-vous, et au plus vous vous améliorerez. A l'instar du forgeron qui forge en forgeant, ou du bûcheron qui bûche en bûchant, le CGPI va devenir de plus en plus performant et va améliorer la qualité de ses rendez-vous, en faisant justement des rendez-vous ! Si lors de ce second rendez-vous, tout se passe bien, vous devrez monter le dossier avec à la clé, une bonne petite commission de dessous les fagots ! Avec la pratique, vous allez acquérir de plus en plus d'expérience et entre le tout début de votre activité, comparé à ce que vous serez capable de faire trois ans plus tard, vous n'en reviendrez pas ! Mais de ça, j'en reparlerai et je vous dirai comment « booster » votre carrière et lui donner une dimension

nouvelle que vous ne pouvez même pas imaginer ! Et là, je peux vous garantir que votre travail ne sera pas le même ! Simplement, on ne peut pas brûler les étapes et il faut bien commencer par le commencement.

*
* *

2 - GENERALITES

Alors, avant de passer dans le vif du sujet, il faut savoir que beaucoup de gens s'essayent à la profession de conseiller en gestion de patrimoine indépendant.

■ A commencer par ceux qui occupaient un poste similaire dans un établissement financier (*banque ou assurance*) et qui à la suite d'un départ, forcé ou non, décident de proposer leurs compétences en direct, en se mettant à leur compte personnel. La plupart vont déchanter car les résultats ne seront pas à la hauteur de leurs espérances. En fait, pour eux, le contexte va être totalement différent. Auparavant, ils travaillaient sous couvert de la notoriété de leur employeur et du réseau commercial déployé sur tout le pays. Les clients se rendaient au guichet et leurs rendez-vous étaient pris par leur secrétaire, et sans véritablement trop se fouler, ils pouvaient percevoir plus ou moins, dans les deux mille euros mensuels. Sauf qu'à présent, ils n'ont plus de guichet à leur disposition. Ils n'ont plus de secrétaire chargée de remplir leur agenda. Ils possèdent tout simplement, pour les plus prévoyants, un fichier de clients dans lequel ils vont penser pouvoir taper aisément et voilà, le tour est joué !

Sauf que ça ne marche jamais comme ça. Parce qu'en France, les gens sont extrêmement attachés à leur banque ou à leur compagnie d'assurance et leur faire quitter leur ancien établissement pour aller voir ailleurs, ce n'est pas une sinécure. (*Rappelez-vous par exemple l'affaire du Crédit Lyonnais...*)

■ Puis il y a les autres, qui ne sortent pas d'une banque ou d'une compagnie d'assurance, et qui ne disposent d'aucun fichier susceptible de leur mettre le pied à l'étrier. Il leur faudra faire preuve d'un courage et d'une volonté particulièrement ancrée, pour avancer et faire leurs premiers pas dans cette profession, mais comme de par hasard, ce sont souvent eux qui vont réussir !

■ Et enfin, il y en a toujours quelques-uns, qui pensent avoir suffisamment de relations pour démarrer, convaincus qu'ils sont que tout se mettra rapidement en place. D'ailleurs, dans certaines sociétés de gestion de patrimoine qui embauchent, on explique très souvent aux nouveaux, qu'il y a des cercles dans lesquels se trouve la clientèle recherchée. Et on leur recommande de taper dans le premier cercle (*celui de la famille*) et dans le second (*celui des amis*). **C'est exactement ce qu'il faut éviter !** Ne cherchez surtout pas à faire des affaires avec votre famille ou vos amis, surtout lorsque vous débutez et que vous n'y connaissez rien ! En fait la réalité est tout autre. Car le métier de conseil en gestion de patrimoine se pratique dans le dur.

*

* *

3 - LES CRITERES

Et malgré le côté un peu pompeux du nom, *conseil en gestion de patrimoine*, ce métier reste avant tout, une activité commerciale,

Si vous êtes un bon commercial, vous pourrez vendre du vent et vous verrez que ça marchera. Souvenez-vous, Bernard Madoff, qu'est-ce qu'il a vendu ? Il a vendu de belles promesses et d'habiles montages financiers, jusqu'au jour où tout a été balayé par la tourmente des marchés. En fait, il a vendu du vent. Pour autant, n'allez pas en déduire que vous devez également faire la même chose. Surtout pas ! **Un bon conseiller en gestion de patrimoine ne vend pas du vent, mais devra savoir se vendre. Et ça, ça n'a rien à voir.** Car l'aspect commercial de la chose est indéniable.

Sauf que tout n'est pas simple car vous allez vous heurter à une concurrence féroce, parce que vous pensez bien que vous n'êtes pas le seul. Concurrence des autres conseillers en gestion de patrimoine, mais également des banques et des assurances. ***Cette concurrence fait que les gens sont aujourd'hui très sollicités, et que pour emporter leur décision, vous devrez impérativement vous démarquer des autres.*** Mais avant d'en arriver là, vous aurez à faire vos preuves. Pour cela, vous devrez avoir une qualité hors du commun, celle que la plupart n'ont pas, c'est à dire que vous devrez faire preuve d'une **très forte capacité de résistance à la frustration**. Alors qu'est-ce que la capacité de résistance à la frustration ?

C'est une capacité à se remettre en question.

C'est une aptitude à savoir relativiser.

C'est la faculté de ne jamais baisser les bras.

C'est une disposition à savoir aller de l'avant.

C'est un pouvoir qui peut être inné mais qui peut également se travailler.

C'est une force intérieure qui vous pousse constamment à maintenir le cap.

La capacité de résistance à la frustration, c'est un peu tout ça à la fois !

Et il faut savoir que le CGPI qui n'a pas cette qualité ne pourra jamais exercer ce métier.

Car avant de briller sur vos réussites, vous aurez à réfléchir sur vos échecs.

En fait, vous aurez à parcourir un véritable chemin de croix. Pour décrocher votre premier rendez-vous. Puis le deuxième, puis le troisième et ainsi de suite. Et puis ensuite, pour décrocher votre première affaire qui se fera rarement au cours de votre premier rendez-vous, sauf coup de chance vraiment extraordinaire, vous savez, la fameuse chance du débutant ! Mais avoir de la chance ne signifie pas que l'on est bon. Cela signifie qu'il faut savoir relativiser et avoir le triomphe modeste.

Et puis enfin, vous allez faire une première affaire, votre première affaire, et puis une deuxième, et puis une troisième et vous aurez peut-être l'impression que ça roule et que tout est facile ! Et là, catastrophe, vous vivrez votre première annulation !

L'annulation d'un dossier est dramatique, surtout lorsque l'on démarre, et particulièrement s'il s'agit de l'annulation de votre première affaire.

Par exemple, imaginez que vous venez de monter un dossier de défiscalisation immobilière dans les DOM-TOM. Un dossier pour un montant d'un million d'euros (*un gros dossier donc, mais en rapport avec les impôts de votre client*) avec à la clé, une commission de près de cent mille euros. Imaginez que sur les conseils de son comptable, votre client change d'avis et annule tout. Patatras ! Ce ne sont pas cinq mille ou dix mille euros en jeu, bien que ce soient déjà des montants importants, mais cent mille ! Si vous ne parvenez pas à récupérer l'annulation (*c'est tout un art mais cela se traite*), et bien c'est cent mille euros qui vous passent sous le nez !

Alors de deux choses l'une : soit vous sombrez, incapable de réagir et de faire face à cet imprévu qui marque la fin de tous vos espoirs, soit vous vous remettez à l'ouvrage et vous vous battez encore plus, parce que vous portez en vous cette capacité de résistance à la frustration, et qu'il est hors de question pour vous de baisser les bras. Cette capacité de résistance à la frustration doit être comme une sorte de seconde nature.

Car c'est elle et uniquement elle, qui vous permettra d'avancer et de faire face à toutes sortes d'imprévus, et plus spécialement, ce genre d'échec.

Et lorsque vous aurez vécu, une première, puis une seconde, et même pourquoi pas, une troisième annulation, vous commencerez à être blindé, et vous saurez que cela est une partie incontournable du jeu et que ça peut arriver, malgré toutes vos compétences et votre professionnalisme.

Mais rassurez-vous, avec de l'expérience et « un peu de bouteille » comme on dit, des annulations, vous n'en n'aurez plus ! En fait, on ne devient pas CGPI par hasard. On le devient sur la durée. Il faut compter environ trois ans pour commencer à en bien cerner tous les contours. Car vous allez très vite vous rendre compte, que ce métier est très complexe, et qu'il nécessite de grandes qualités d'adaptation et de formation constante, pour être toujours au top de vos compétences.

    Et entre les nombreux mécanismes qui permettent de défiscaliser, entre la diversité des montages en assurance vie, entre la variété des placements en tous genres et parfois à deux chiffres (*c'est à dire supérieurs à dix pour cent*) avec des risques non négligeables de tout perdre, et le simple livret A, vous allez en avoir un boulot pas possible à traiter ! Autant dire, qu'avant de franchir ce cap, vous aurez à surmonter beaucoup d'obstacles. Et c'est justement ce que nous allons voir.

*

*   *

PREMIERE PARTIE

LA PRISE DE RENDEZ-VOUS

4 - L'AGENDA

Alors commençons par le commencement, c'est à dire remplir son agenda. Comme nous l'avons vu précédemment, la phase une consiste à rencontrer pour la première fois, vos futurs clients.

Mais pour cela, il convient tout d'abord de prendre des rendez-vous.

Alors pour bien démarrer dans cette activité, vous devez avoir un agenda chargé, c'est à dire contenant quinze rendez-vous par semaine.

Lorsque vous démarrez, vous devez répartir vos journées de travail entre la partie prise de rendez-vous et la partie qui concerne les premiers rendez-vous. (*Pour mémoire les premiers rendez-vous font partie de la phase une*).

Puisque vous démarrez, vous n'aurez encore aucun second rendez-vous (*la phase deux pour mémoire*) étant donné que vous n'aurez pas encore fait de phase une.

Alors pourquoi quinze rendez-vous, et non pas trois, ou cinq, ou dix ? Et bien je vais vous le dire.

Imaginez que vous n'en ayez qu'un seul, et rien qu'un seul, pour toute la semaine. Cela veut dire que cent pour cent de votre réussite, va dépendre de ce premier et dernier rendez-vous unique, de votre semaine de travail.

C'est comme si on ne donnait au champion du monde de saut à la perche, qu'un essai au lieu de trois. C'est comme si on accordait au champion du monde de formule un, de n'accomplir qu'un seul et unique tour pour obtenir le meilleur chrono afin de le placer en tête sur la grille de départ.

Et bien c'est pareil pour vous. De votre seul rendez-vous va découler la suite de votre programme. C'est vous dire l'importance pour vous de bien le conclure. Car il vous faudra faire avec le manque de préparation, l'inexpérience, la peur d'échouer, le stress... Et sauf coup de chance vraiment extraordinaire, ça ne donnera rien. Et c'est tout à fait normal.

Il faut compter une phase deux pour dix phases une, ou si vous préférez, dix premiers rendez-vous pour un second rendez-vous. *Du moins au tout début.*

C'est à dire que pour vos dix premières phases une, vous devriez obtenir votre première phase deux.

Phase une après phase une, vous vous améliorerez, à tel point qu'avec l'expérience, pratiquement chaque phase une sera suivie d'une phase deux !

Mais sûrement pas au tout départ, car on sera beaucoup plus dans cette logique de dix phases une, pour une phase deux. D'où l'intérêt de bien remplir son agenda, parce qu'avec un rendez-vous par semaine, et seulement un seul rendez-vous, vous allez attendre pratiquement deux à trois mois pour passer à votre première phase deux. Deux ou trois mois durant lesquels vous n'aurez pas fait grand-chose, à tel point que vous aurez probablement envie de tout arrêter !

Alors raison de plus pour vous concentrer sur ces quinze rendez-vous, car en suivant ce principe, vous parviendrez à déclencher très rapidement votre première phase deux !

Et au plus vous aurez de phases deux, au plus vous aurez de chances d'augmenter sensiblement vos commissions !

Par la suite, nous verrons que le travail va évoluer et qu'avec vos connaissances, vos acquis et vos premiers résultats, vous aurez d'autres moyens pour engranger les rendez-vous, avec encore plus de succès à la clé.

Donc, vous avez bien compris que si vous avez un agenda bien rempli, vous irez à votre premier rendez-vous sans pression particulière, puisque si celui-ci ne marche pas, vous aurez une seconde chance avec le rendez-vous suivant et ainsi de suite.

Alors qu'est-ce qu'un agenda bien rempli et comment le remplir ? Pour cela, nous allons en comparer deux.

	Lundi	Mardi	Mercredi	Jeudi	Vendredi	Samedi
8 à 9						
9 à 10	Phoning	Terrain	Phase 1	Phoning	Phase 1	Phase 1
10 à 11	Phoning	Terrain	Phase 1	Phoning	Phase 1	Phase 1
11 à 12	Phoning	Terrain	Phase 1	Phoning	Phase 1	Phase 1
12 à 13						

13 à 14						
14 à 15	Phase 1	Terrain	Terrain	Phase 1	Terrain	Phoning
15 à 16	Phase 1	Terrain	Terrain	Phase 1	terrain	Phoning
16 à 17	Phase 1	Phoning	Terrain	Phase 1	Terrain	Phoning
17 à 18	Phoning	Phoning	Phoning	Phoning	Phoning	
18 à 19	Phoning	Phoning	Phoning	Phoning	Phoning	
19 à 20	Phoning	Phoning	Phoning	Phoning	Phoning	

Voici un agenda idéalement rempli avec une quinzaine de phases une, des périodes consacrées au phoning (*prise de rendez-vous téléphonique*) et d'autres consacrées au terrain (*visite en direct auprès des entreprises et des commerçants*)

C'est comme ça qu'il faut démarrer et pas autrement !

Un agenda bien rempli est un gage de réussite, alors qu'un agenda vide ou presque, est pratiquement à coup sûr, un facteur d'échec. Et c'est justement au tout départ qu'il convient de mettre les bouchées doubles. Car vous vous lancez dans un nouveau challenge et vous savez que c'est un métier à fort potentiel.

Il se peut même que vous connaissez des conseillers en gestion de patrimoine qui réussissent. Alors justement, donnez-vous les moyens de vos ambitions en vous fixant un délai de six mois pour réussir ! Mais faites le bien et marquez le coup dès le début, en vous défonçant pour votre nouveau job.

Le travail finit toujours par payer, c'est une évidence, seulement les résultats ne sont pas automatiques et parfois, ils sont un peu longs à venir. Au plus vous prendrez votre temps et au plus vos résultats seront incertains, avec le risque d'abandon en cours de route.

C'est sûr qu'il y aura toujours une part de chance, et autant certains parviendront à traiter leur première affaire dans le mois suivant leur début d'activité, autant d'autres rameront un peu plus et ne feront rien, mais absolument rien, durant leurs six premiers mois. Mais il y a une grande différence entre ne rien faire durant les six premiers mois parce qu'on n'a réellement rien foutu et ne pas réussir à aboutir, bien qu'en ayant fait beaucoup de rendez-vous infructueux. C'est juste une question de réglage et de se sentir à l'aise dans le business.

Alors c'est justement là, qu'il faut avoir cette capacité de résistance à la frustration car en fait, ceux qui auront travaillé et même beaucoup travaillé, pourraient être gagnés par le découragement.

Par exemple, on a vu des conseillers en gestion de patrimoine démarrer tout feu tout flamme (*ils ont réussi à fourguer un produit défiscalisant à un membre de leur famille*) puis disparaître à jamais, sans laisser de nouvelles, et on en a vu d'autres ramer comme cela n'est pas possible, pendant quelques mois, pour décrocher enfin leur première affaire, et en enchaîner d'autres, avec une régularité digne d'un métronome !

Conseiller en gestion de patrimoine indépendant est un métier où l'on est seul. Seul à se prendre en charge, seul à organiser ses journées, seul à décider du moment de travailler ou non. Et quand on est seul et qu'on n'a pas de compte à rendre, le risque de procrastiner est réel. Et voilà ce qui peut arriver.

	Lundi	Mardi	Mercredi	Jeudi	Vendredi	Samedi
8 à 9						
9 à 10						
10 à 11						
11 à 12						
12 à 13						
13 à 14						
14 à 15						

15 à 16						
16 à 17						
17 à 18						
18 à 19						
19 à 20						

Un agenda vide. Désespérément vide.

Parce que vous aurez trouvé mille et une bonne raisons pour reporter au lendemain, ce qui aurait pu être fait dans la journée.

Parce que vous pensez que c'est impossible, que c'est trop compliqué, que jamais vous n'y arriverez et que ça ne vaut même pas la peine d'essayer.

Parce que vous vous dites qu'il y a forcément d'autres solutions pour remplir un agenda.

Et comme vous vous croyez plus malin que les autres, ces solutions, vous allez justement les chercher.

Par exemple, il existe des sociétés spécialisées dans la prise de rendez-vous. Vous leur spécifiez tous vos critères sociaux-professionnels et à elles de se débrouiller pour remplir votre agenda. Ainsi, vous conservez le côté le plus intéressant, pour ne pas dire le plus ludique de l'activité, et vous n'avez plus qu'à vous rendre aux rendez-vous fixés. Mais quand même, il faut savoir que ces rendez-vous ont un coût, et que cela peut vous revenir très cher, sans aucune garantie de résultat. Car en effet, entre les rendez-vous mal ciblés, les rendez-vous « lapin » (*c'est à dire qu'il n'y a personne au rendez-vous*), les mauvaises adresses, les gens surendettés et les simples curieux, vous allez très vite vous rendre compte que quelque chose ne va pas. Et en fin de compte, vous aurez jeté votre argent par la fenêtre !

Vous pourrez également faire des tentatives auprès de sociétés qui vous contactent sur internet et qui vous proposent des coupons réponses de rendez-vous pour des programmes bien définis. Alors elles vous attribuent un ou deux départements, et même parfois trois, et vous balancent assez régulièrement des noms et des numéros de téléphones de personnes ayant visité leur site, et qui souhaitent rencontrer un « conseiller » pour obtenir de plus amples informations. Alors là... Vous ferez des rendez-vous. Et même pas mal de rendez-vous. Ça c'est sûr.

Simplement, entre les contacts qui ont un projet dans un futur pas si proche que cela, ceux qui ne disposent d'aucune épargne ou d'aucune capacité d'épargne, ceux qui vont se « la jouer », ceux qui veulent avoir une information mais qui ne feront jamais rien avec vous, et les autres qui n'en n'ont rien à cirer... vous allez très vite déchanter.

En fin de compte, vous aurez perdu beaucoup d'énergie, de temps et d'argent, tout ça pour ça, c'est à dire pour rien !

A l'usage, vous vous rendrez vite compte que non seulement ce n'est pas le top, mais que surtout, vous vous éloignez de votre rôle de CGPI pour vous cantonner à un simple rôle de vendeur, très loin de la véritable activité de conseil en gestion de patrimoine, ce qui n'était pas du tout le but recherché. Non. Cela ne se passera pas comme ça, et comme tous ceux qui auront réussi dans ce job, vous aurez à accomplir votre chemin de croix.

Et ce chemin de croix, c'est justement la prise de rendez-vous.

Pour prendre ces rendez-vous ne comptez que sur vous-même. Soit en pratiquant le phoning, soit en étant physiquement sur le terrain. En réalité, il faut faire les deux. Le phoning est votre priorité. Le terrain sera en quelque sorte votre bonus.

Alors ceci étant, vous vous doutez bien que le premier agenda est un exemple. Dans la pratique, entre deux rendez-vous, vous aurez parfois du temps de libre. Imaginons que le premier démarre par exemple en début d'après-midi, disons 14 heures et le second en fin d'après-midi, disons 18 heures. Lors de la prise du rendez-vous, vous avez précisé à votre interlocuteur, de prévoir un quart d'heure pour ce premier rendez-vous.

Pourquoi un quart d'heure ? Tout simplement, parce que tout le monde manque de temps. Dans la pratique, ce rendez-vous peut très bien durer un quart d'heure, c'est à dire qu'il ne se sera pas passé grand-chose et qu'il n'y aura pas de phase deux, tout comme il peut durer une bonne heure, avec une phase deux fixée.

Mais qu'il dure un quart d'heure ou une bonne heure, si vous vous êtes éloigné de votre domicile d'où vous travaillez, pour vous rendre à vos rendez-vous, ce serait tout de même mal inspiré que de retourner chez vous, pour repartir un peu plus tard sur les mêmes lieux, pour votre second rendez-vous.

Autant bien occuper votre temps entre justement, les deux rendez-vous. Les plus fainéants (*où les moins actifs si vous préférez*) prendront leur journal et patienteront en prenant un verre au bar du coin. Les autres, ceux qui ont compris qu'efficacité rime avec rentabilité, auront à cœur de profiter de ces heures disponibles pour justement prospecter sur le terrain, en visitant les entreprises, dans le but soit de décrocher des rendez-vous en direct, soit d'obtenir le nom et le téléphone, qui du directeur financier, qui du directeur commercial, qui du directeur général, etc...

C'est comme ça et uniquement comme ça, que l'on parvient à remplir au mieux un agenda, lorsque l'on démarre dans cette profession.

*

* *

5 - LE PHONING

Le phoning ne s'improvise pas car il suppose une préparation préalable. Sachez qu'il faut être extrêmement concentré et particulièrement au début. Avec l'habitude, les automatismes s'acquièrent et tout devient naturel.

Pour cela, on dispose d'un endroit adéquat et au calme, sans risque d'être dérangé ou interrompu. On a préparé son listing d'appels et on a choisi sa cible. Les gens à contacter sont nombreux, aussi, vous faut-il faire un choix. Privilégiez le corps médical qui constitue une cible de choix, mais pas que : médecins généralistes, médecins spécialistes, chirurgiens-dentistes, orthodontistes, huissiers, pharmaciens, avocats, podologues, etc... Vous n'aurez aucune difficulté à les trouver sur les annuaires professionnels. Si vous disposez d'ouvrages spécifiques (*Rotary club, Lion's Club, annuaire d'anciens élèves, annuaire d'entreprises*) vous aurez souvent les numéros de téléphone privés et professionnels. Ça peut-être un grand avantage. Vous pouvez également vous procurer des listings auprès de la Chambre de Commerce et d'Industrie. Sauf qu'ils ne sont pas gratuits... Allez c'est parti !

Vous êtes détendu, un peu stressé mais pas trop (*après tout, vous allez vous jeter à l'eau !*) et vous avez votre trame de phoning sous les yeux, pour le cas où vous auriez un trou de mémoire.

Cette trame, vous l'avez apprise par cœur et vous l'avez répété maintes et maintes fois.

Vous êtes capable de la sortir d'une manière, on va dire plutôt théâtrale que mécanique, afin de capter au mieux l'attention de votre interlocuteur. Mais vous l'avez quand même sous les yeux, parce que vous allez voir, même apprise par cœur et répétée autant de fois que de nécessaire, vous aurez parfois des petits trous de mémoire, des passages à vide et c'est là où justement, la matrice vous sera d'une très grande utilité.

A ce sujet, vous vous doutez bien que le premier appel est toujours le plus dur mais il faut bien démarrer, on est d'accord. Vous avez votre trame sous les yeux et vous avez votre liste de contacts. Alors vous composez le premier numéro, en haut de votre liste.

Pensez à indiquer, en haut de votre feuille, le jour ainsi que la date d'appel, de même que l'horaire de début et de fin. C'est très important, car cela vous permettra par la suite d'une part, d'établir votre moyenne d'appels ainsi que les résultats en termes de rendez-vous pris, mais également d'autre part, de programmer une nouvelle série d'appels pour les profils qui vous semblent les meilleurs mais pour lesquels vous n'auriez pas obtenu de rendez-vous, du fait de votre inexpérience due à votre début d'activité.

La liste est répartie en colonnes.

Première colonne, nom, prénom et téléphone de votre interlocuteur.

Deuxième colonne, la ville.

Autant que faire se peut, vous allez essayer de grouper vos appels par secteurs, de manière à ne pas trop vous disperser. Puis vous les élargirez, en fonction de vos besoins.

Troisième colonne, le nombre d'années accumulées depuis le début de l'activité professionnelle de votre interlocuteur.

Quatrième colonne, le nombre d'années de travail, qu'il compte devoir faire, avant de s'arrêter.

Cinquième colonne le montant de ses impôts, si vous parvenez à l'obtenir.

Et enfin, sixième colonne, la plus large, pour y écrire vos remarques ou commentaires divers.

Une dernière petite précision : les feuilles sont toutes préparées à l'avance et non durant votre temps de phoning, car en réalité, le temps de phoning est consacré uniquement au phoning et à rien d'autre. Allez, on commence !

*

* *

« Allo bonjour... Henri DUBOIS à l'appareil... J'aurai aimé parler à Monsieur ou Madame UNTEL. » Soit, vous avez la chance de tomber directement sur votre interlocuteur et il vous confirme que c'est bien lui, à moins qu'il ne réponde à votre question par une autre question, du genre :

« C'est à quel sujet ? » ou encore « C'est pourquoi ? »

Ne répondez jamais directement à sa demande et dites tout simplement :

« Vous êtes bien Monsieur ou Madame UNTEL ? »

Si c'est bien votre interlocuteur, cette fois, il ou elle vous confirmera. Sinon, vous redemandez à parler à Monsieur ou Madame UNTEL.

Et si on vous demande : « C'est à quel sujet ? »

Vous répondez tout simplement : « C'est personnel... »

Sachez qu'il n'y a pas de trame miracle et en ce domaine, personne n'a inventé le fil à couper le beurre.

Simplement, toute la stratégie du phoning repose sur le nombre d'appels pratiqués en l'espace d'une heure. La moyenne devra tourner dans les 15 à 18 appels de l'heure.

Ce qui veut dire qu'un appel peut varier entre une trentaine de secondes et cinq bonnes minutes voire plus. Mais sur plusieurs heures, on doit se rapprocher de cette moyenne.

Lorsque vous êtes tombé sur le bon interlocuteur, vous vous présentez une seconde fois car il est très peu probable qu'il ait retenu votre nom, à moins d'avoir un nom facile à mémoriser. Et Henri DUBOIS est sûrement plus facile à mémoriser que Walincka de Cloquère-Vanden Mersch. D'où l'intérêt de le répéter.

« Je me permets de vous contacter... car je suis en train de monter sur la région... un projet de partenariat... avec d'autres personnes... ayant la même activité que la vôtre... Comme toutes les autres qui y participent... cela pourrait fortement vous intéresser... Est-ce que je peux vous rencontrer mardi 18 à 10 heures à moins que vous ne préfériez jeudi 20 à 14 heures ? »

Assurez-vous d'avoir un bon débit et le timbre de voix clair. En d'autres termes, si vous êtes enroué, prenez des pastilles pour vous éclaircir la voix.

Si vous avez un débit habituellement rapide, voire saccadé, corrigez-le en vous entraînant à le répéter à haute voix, mais surtout, ne foncez pas tête baissée vers un mur dans lequel vous ne manquerez pas de vous fracasser.

N'hésitez pas à marquer de courts temps de silence, parce qu'au téléphone, vous devez être efficace et savoir toujours accrocher votre interlocuteur, avant que lui ne vous raccroche au nez. Ces temps de silence seront donc très courts, mais feront mieux passer votre message, grâce à un débit vocal maîtrisé.

Et vous terminez toujours par la demande de rendez-vous en posant une alternative.

C'est à dire deux possibilités de choix. Choix un : mardi 18 à 10 heures. Choix deux : jeudi 20 à 14 heures. Bien sûr, vous ferez évoluer ces choix en fonction du remplissage de votre agenda !

Prendre un rendez-vous au téléphone avec une personne que l'on ne connaît pas est très difficile.

Mais rassurez-vous, cela n'est pas impossible.

Vous devriez obtenir un rendez-vous, pour une heure d'appel. Peut-être pas dès la première heure, ni la deuxième, car cela demande un temps de rodage et nécessite une adaptation à cette situation nouvelle pour vous, mais une fois la trame bien en tête et les réponses aux objections bien maîtrisées, vous allez très vite vous rendre compte que cela va finir par devenir un jeu, car vous saurez que c'est mathématique et que sur le nombre d'appels, vous aurez vos rendez-vous en retour. Et quand on joue, tout va tellement beaucoup mieux !

Vous avez remarqué qu'à aucun moment, vous n'avez dévoilé le but de votre appel.

Clairement, vous aimeriez rencontrer votre interlocuteur pour devenir son conseiller en gestion de patrimoine. C'est ça votre objectif.

Mais vous ne lui en parlez surtout pas !

Au contraire, vous l'emmenez sur votre terrain à vous, c'est à dire votre projet de partenariat. Il est évident qu'il va vous demander des précisions. N'importe quel interlocuteur cherchera à en savoir plus.

Personne, à moins d'un extraordinaire coup de chance, ne vous accordera un rendez-vous uniquement parce que vous montez un projet de partenariat dans la région, pour la simple et unique raison que ce partenariat comprend d'autres personnes qui ont la même activité. Sauf à être recommandé de la part de quelqu'un.

Mais là, vous n'avez aucune recommandation et vous appelez dans le « dur ».

« Euh... je n'ai pas très bien compris... Pourriez-vous répéter ? »

« Dites-m'en plus ! C'est quoi ce projet de partenariat ? »

« C'est quoi votre truc ? »

« Mais ça consiste en quoi ? »

« Et c'est pourquoi faire ? »

« Et c'est qui ces personnes ? »

Les **objections** seront diverses et variées. D'ailleurs, vous pouvez faire confiance à votre interlocuteur pour en trouver, car souvent, ils ne manquent pas d'imagination à ce sujet.

En appelant un inconnu, vous avez une chance sur deux pour que cela marche. Mais pour que cela fonctionne, il faut être malin. Alors entretenez le mystère et jouez sur la curiosité. Les gens par nature, sont toujours curieux de tout et ont toujours envie de savoir.

Prenez un joueur de poker par exemple. Même s'il sent qu'il n'a pas la main gagnante, il paie pour voir. Il paie pour voir parce qu'il est comme tout le monde. C'est quelqu'un de curieux et qui a envie de savoir. C'est la raison pour laquelle un joueur de poker peut perdre. Non pas que son adversaire joue particulièrement bien, mais comme il est curieux et qu'il veut savoir, il va sur des coups où il n'aurait jamais dû aller.

C'est exactement pareil pour votre interlocuteur à l'autre bout de la ligne. Il est curieux et il a envie de savoir. Mais de là à accepter comme ça le rendez-vous, quand même pas.

Aussi, vous devez toujours le surprendre. Donc, vous allez continuer à l'emmener sur votre terrain. Car n'oubliez surtout pas, c'est vous qui jouez. Vous jouez votre jeu. Et vous le jouez sur votre terrain. Vous partez donc avec un avantage qu'il n'a pas.

« Et bien... c'est un partenariat qui génère des rapports... gagnant / gagnant... et qui concerne... toutes les personnes... ayant un parcours professionnel... se rapprochant du vôtre... Préférez-vous mardi 18 à 10 heures ou bien plutôt jeudi 20 à 14 heures ? » (*Attention de bien marquer le ton et le rythme en respectant les temps de silence*)

Une fois de plus, vous n'avez toujours pas répondu à son objection et vous continuez à le surprendre. A ce stade, certains peuvent accepter le rendez-vous. Pour autant, n'allez pas trop vite en besogne.

Avant de le fixer, il est de votre intérêt d'avoir un rendez-vous utile.

Un rendez-vous utile, c'est rencontrer un interlocuteur qui présente apparemment, le bon profil.

Apparemment, car vous ne connaissez rien de lui et il n'est pas possible de vous livrer à un interrogatoire téléphonique.

Mais quand même, contentez-vous de lui poser trois questions.

On peut toujours répondre à trois questions. Au-delà, on risque d'irriter son interlocuteur.

« OK. J'ai bien compris que mardi 18 à 10 heures peut convenir... Pour autant... et pour que ce partenariat... puisse réellement vous intéresser... il y a trois conditions à valider...

D'une part, avez plus de trois ans d'activité ?... *(Notez la réponse sur votre feuille).*

D'autre part, avez-vous encore dix années de vie professionnelle à effectuer ?... *(Notez également la réponse sur votre feuille).*

Et enfin, est-ce que vous payez plus de trois mille euros d'impôt sur le revenu ?... *(Notez la réponse)* »

Au tout départ, tout est nouveau pour vous. Aussi, ne cherchez pas à cibler davantage votre interlocuteur, le but étant simplement de faire vos premiers rendez-vous. Et c'est en enchaînant les rendez-vous que vous vous perfectionnerez.

Le conseil en gestion de patrimoine est un métier complexe, dont l'expérience s'acquiert sur le terrain, au fil des rendez-vous.

Alors attention quand même : le mot impôt peut faire sursauter votre interlocuteur et il peut ne pas apprécier. Il peut se douter qu'il s'agit de défiscalisation. Il peut donc changer d'avis et en fin de compte, refuser ce rendez-vous. Mais il peut tout aussi bien, le maintenir. Ceci, c'est quand tout va bien.

Toutefois, dans la pratique, le rendez-vous ne sera pas si simple à obtenir et souvent, il faudra un peu plus argumenter.

« Votre truc de partenariat, c'est trop vague... »

« Moi les partenariats, ça ne m'intéresse pas ! »

« Oui oui... gagnant / gagnant... gagnant pour vous oui ! »

« De toutes les façons, moi à ces trucs-là, jamais je ne gagne ! »

« Vous êtes trop dans le vague... Et je n'ai pas de temps à perdre ! »

Et c'est reparti pour un nouveau tour d'objections. D'un côté, lui veut savoir. Sauf que s'il sait, il est probable qu'il vous refuse le rendez-vous. D'un autre, vous ne devez pas lui dire. Car vous savez bien, que si vous lui dites ce qu'il veut savoir, vous n'aurez pas le rendez-vous. Alors vous continuez à le surprendre et vous allez miser sur sa curiosité, qui fait pleinement partie de la nature humaine

« Monsieur... je comprends parfaitement votre réaction... et à votre place je réagirais pareil. D'ailleurs... toutes les personnes... qui font aujourd'hui partie... de ce partenariat... qui crée... je vous le rappelle... des rapports gagnant / gagnant... ont toutes réagi comme vous. C'est vous dire ! Alors préférez-vous mardi 18 à 10 heures ou jeudi 20 à 14 heures ?... Prévoyez un quart d'heure. »

(*Bien tenir compte du rythme et du débit, en respectant les temps de silence*)

Vous n'avez rien lâché si ce n'est que vous lui avez tout simplement qu'il faut compter un quart d'heure de rendez-vous.

Soit, vous ne l'obtenez toujours pas, auquel cas vous le remerciez pour son écoute, lui souhaitez plein de bonnes choses et vous passez au suivant de votre liste soit, vous l'obtenez et on revient dans le cas précédent, avec les trois conditions à valider.

Cette technique s'appelle la technique du disque rayé.

On l'appelle ainsi parce que l'on se répète. Alors bien sûr, ça ne marche pas à tous les coups, loin de là, mais cette technique a suffisamment fait ses preuves pour démontrer qu'elle peut fonctionner. Vous pouvez tomber sur des gens pas sympas, sur d'autres qui vont chercher à vous pourrir la journée, sur d'autres encore qui vous feront les pires menaces si vous ne cessez pas immédiatement de les importuner, etc... La nature humaine étant ainsi faite, on ne peut pas plaire à tout le monde. Et même quand on plaît un jour à quelqu'un, il n'est pas dit que cela vaudra pour le jour suivant, on est bien d'accord ?

Alors faire du phoning, c'est savoir se blinder. C'est devenir blindé. C'est être blindé. Car à force de refus, de réponses « *à la con* » *(pardonnez-moi l'expression mais au moins, ça a le mérite d'être clair)*, de téléphone raccroché avec fracas, bref... avec toute l'antipathie *(quand ce n'est pas de la haine)* qu'est capable de manifester à votre encontre, un interlocuteur à l'autre bout de la ligne, vous finirez par devenir blindé et vous n'y accorderez pas plus d'importance que celle de votre première chemise. A ce stade là, vous aurez la maîtrise du téléphone et le phoning n'aura plus de secret pour vous !

A noter enfin que pendant toute la durée de votre phoning, vous devez rester très concentré et très attentif à tout ce que vous faites. Autant il est tout à fait possible pour certains, de faire trois heures consécutives de phoning tout en restant performants, autant il ne l'est pas pour d'autres, lesquels au bout d'une heure, vont avoir l'impression d'être au bord du burn-out !

Ce qui importe, c'est qu'au moindre signe de fatigue ou de faiblesse, il faut savoir prendre un peu de recul et marquer une pause. Plus ou moins courte, selon les dispositions de chacun, mais prendre une pause. Et je dirai même que quand une pause s'impose, il faut savoir la poser ! Alors on passe à autre chose, on prépare de nouvelles listes d'appels ou plus simplement, on va prendre l'air, sur le terrain, comme nous allons le voir.

*

*   *

6 - LE TERRAIN

Avant tout, il faut concevoir le terrain comme un complément au phoning. Au tout début de votre activité, le phoning sera votre principal outil pour obtenir des rendez-vous. Mais cela peut finir par épuiser, et au bout de quelques heures de phoning, prendre un peu d'air ne peut faire que du bien. Alors, vous pouvez vous rendre sur le terrain. Pas sur le terrain de sports, vous vous en doutez, mais sur un terrain de chasse. De chasse aux prospects, peut-être futurs clients, car sur ce genre de terrain, vous aurez le choix entre les commerçants et les salariés. Autant il est facile de contacter téléphoniquement des professions libérales, étant donné que leurs noms figurent dans les annuaires, autant il l'est moins pour les salariés d'entreprises, à moins bien sûr, de posséder des listings correspondants.

Les entreprises

Choisissez de préférence, une zone d'activités, qu'elle soit commerciale, artisanale, industrielle ou technologique, peu importe, pourvu qu'il y ait un regroupement d'entreprises. Pour la simple et bonne raison, qu'il vaut mieux tout avoir sous la main, plutôt que de se disperser tous azimuts. Une fois sur les lieux, vous commencez par en faire un repérage. Surtout n'attaquez pas de but en blanc, au risque de devoir tourner en rond, où de rater l'essentiel.

Donc vous êtes bien évidemment en voiture, et vous tournez dans la zone, histoire de vous repérer et de décider du meilleur endroit pour démarrer. Puis, vous vous rendez dans chaque société, l'une après l'autre, en prenant bien soin de tout quadriller afin de ne pas en oublier.

En règle générale, il y a très souvent une personne à l'accueil, et même s'il n'y a personne, ce qui peut également arriver, ce n'est pas grave car dans ce cas, vous vous dirigez vers un bureau pour obtenir les renseignements. Vous présentez les choses de la même façon qu'au téléphone et vous dites que vous êtes en charge d'un partenariat sur le secteur, qui concerne tous les cadres dirigeants de la société.

« A ce sujet... me serait-il possible... de rencontrer... le directeur ? » *(Même sur le terrain, réduisez si nécessaire votre débit de paroles, par de très courts temps de silence)*

Vous vous doutez bien que le directeur n'attend pas votre visite et qu'il est sûrement occupé, à moins qu'il ne soit absent.

« C'est que Monsieur DUPONT est à l'extérieur, sur un chantier... »

Sans même l'avoir demandé, vous connaissez à présent le nom du directeur de la société : Monsieur DUPONT.

Qu'il soit absent ou présent, de toute manière, il y a fort peu de chances pour qu'il vous reçoive comme ça, parce que tout d'un coup, vous vous pointez sans prévenir. Par contre, ne partez pas si vite et essayez d'obtenir son numéro de téléphone et même si possible, son adresse mail.

« Bien sûr... Je comprends... Toutefois... Auriez-vous son numéro de téléphone pour que je puisse l'appeler ? »

(En guise de réponse, commencez toujours par une affirmation qui va dans le sens de ce qui vous a été dit. Et confirmez votre affirmation par une double affirmation)

« Bien sûr... Je comprends... ».

Cette double affirmation a pour effet d'éteindre toute méfiance ou vigilance de votre interlocuteur, dans le but de l'entraîner là où vous souhaitez l'emmener, à savoir, obtenir un numéro de téléphone et une adresse mail)

- Si vous obtenez son numéro de téléphone, alors tant mieux. Dans ce cas, profitez de votre avantage pour essayer d'obtenir son adresse mail.

- Si on vous répond qu'il faut appeler sa secrétaire ou qu'il faut passer par le standard, et bien c'est tout à fait possible, car dans beaucoup de sociétés, c'est ainsi que cela se passe.

Dans les deux cas, vous notez le numéro de téléphone et également, l'adresse mail.

Pour autant, tâchez d'enfoncer un peu plus le clou, et suivant la bonne composition de la personne en face de vous, essayez d'obtenir d'autres noms ainsi que les numéros de téléphone et les adresses mails des autres personnes influentes dans la société : directeur commercial, directeur financier, directeur du personnel, etc...

Ceci pour rentabiliser au mieux votre temps en ratissant le plus large possible.

L'intérêt de cette démarche en entreprise est évident et est indispensable, si vous voulez vous donner le maximum de moyens pour réussir. En effet, dès que vous disposez d'un peu de temps et entre deux rendez-vous, il sera toujours beaucoup plus utile de le consacrer à trouver de nouveaux contacts, plutôt que d'attendre que ça se passe, sans rien faire, jusqu'au prochain rendez-vous.

Je peux vous dire que très peu de conseillers débutants en gestion de patrimoine pratiquent le terrain. Et pourtant cela vaut vraiment la peine d'essayer, car très vite, vous allez avoir un fichier de contacts potentiels que vous pourrez relancer. Mais vous allez voir que votre terrain de chasse ne s'arrête pas là, car il n'y a pas que les entreprises !

Les commerçants

Si vous vous trouvez en plein centre-ville, avec toute une rue commerçante, la démarche est exactement la même. Le but est de trouver de nouveaux contacts, susceptibles d'être intéressés par ce fameux partenariat. Que ce soit une boulangerie, une boucherie, un grand magasin de bricolage, un supermarché ou même un hypermarché, un opticien, un pharmacien, bref... tout commerçant et quel qu'il soit, n'hésitez pas à faire la démarche pour le rencontrer. Ces gens-là sont habitués au contact. Tous les jours, ils voient du monde. Donc votre présence ne les dérangera pas plus que cela et en général, ils vous feront toujours un bon accueil.

Le but étant, bien sûr, de convenir d'un rendez-vous dans le cadre d'une phase une.

Ne faites jamais de rendez-vous en direct, même si on vous le demande, car il ne faut pas brûler les étapes.

Contentez-vous de toujours valider les trois conditions (*plus de trois ans d'activité, dix ans de travail à effectuer et plus de trois mille euros d'impôts sur le revenu*) avant de fixer le rendez-vous.

Chaque rendez-vous pris, que ce soit en entreprise ou auprès d'un commerçant, est toujours bon à prendre, car ce sera peut-être celui qui vous permettra le montage d'un dossier, avec à la clé, une confortable commission.

A titre personnel, j'ai réalisé pas mal d'affaires grâce à cette démarche et je ne peux que vous y encourager, car vous vous en rendrez très vite compte, elle en vaut vraiment le coup !

Enfin, et concernant la manière d'aborder les gens, que ce soit un commerçant où la secrétaire du directeur, voici mon conseil. Il faut être cool, souriant, aimable, savoir dire bonjour en tendant une poignée de main franche tout en ayant un regard franc, et se présenter.

Surtout, ne venez pas avec l'idée bien arrêtée d'obtenir à tout prix ce rendez-vous, au risque de vous mettre une pression supplémentaire. Car c'est bien ça qui va vous permettre de rester décontracté. Professionnel mais décontracté. Et vous verrez qu'après une petite période de rodage et d'entraînement, la pratique du terrain n'aura plus de secret pour vous !

*
* *

7 - INTERNET

Dès le début de votre activité, pensez à créer votre propre blog de conseil en gestion de patrimoine. Ce blog, vous l'alimenterez régulièrement, au moins une fois par semaine, mais régulièrement. Grâce aux nombreuses adresses mails que vous aurez pu récupérer lors de vos prospections sur le terrain, vous pourrez facilement informer vos prospects sur tel ou tel sujet d'actualité, ou plus simplement, sur ce dont vous avez envie de parler et ainsi, de maintenir un contact avec tous vos prospects et tous vos clients. N'hésitez pas également, à vous inscrire sur des réseaux sociaux à caractère professionnel, et développez les du mieux possible. Faites régulièrement des envois en utilisant les services d'un auto-répondeur. Le but étant toujours de ratisser au plus large, et d'explorer toutes les pistes, pour obtenir un maximum de rendez-vous, dans un laps de temps le plus court.

*

* *

8 - LA PREPARATION

Voilà déjà une semaine que vous venez de vous lancer dans cette nouvelle aventure et votre agenda commence à se remplir.

Les deux premières semaines seront consacrées à la prise de rendez-vous, car ne perdez pas de vue qu'il est essentiel de remplir votre agenda. A la prise de rendez-vous, mais également à la répétition de votre trame phase une.

Car bien sûr, vous n'allez pas vous pointer comme ça, la fleur au fusil, sans une préparation préalable indispensable.

Pour cela, vous devrez avoir quelque chose à dire, et comme justement tout ce que vous aurez à dire se trouve dans votre trame, il est donc indispensable de la connaître par cœur et de régulièrement, la réviser.

Sachant que vos deux premières semaines seront consacrées à la prise de rendez-vous et à l'apprentissage puis la révision de votre trame, votre premier rendez-vous de phase deux aura donc lieu en semaine trois.

L'objectif est donc de remplir au mieux votre semaine trois et de préparer la semaine quatre.

Dans ce métier, il faut savoir que l'on ne s'arrête jamais. D'abord, parce qu'il faut commencer sur les chapeaux de roues. Ensuite, lorsque les premiers résultats se font sentir, il faut maintenir cette pression. Et enfin, quand votre business commence à tourner, vous allez être pris par le jeu et aurez à cœur d'améliorer régulièrement vos performances pour toujours viser plus haut, en termes de revenus. Car ne perdez surtout pas de vue que vos revenus, c'est vous qui allez les constituer et qu'en théorie, ils peuvent monter très haut. Et parce que la réussite appelle la réussite, et étant donné que vous serez sur une sorte de spirale de la réussite, vous aurez envie d'aller plus haut. Toujours plus haut... Mais bon. Revenons-en à nos moutons car pour le moment, ce seront tous des rendez-vous de phase une.

Le but d'un rendez-vous de phase une, est de sensibiliser votre interlocuteur à ce que vous allez lui dévoiler durant l'entretien, afin justement, d'aller de l'avant, c'est à dire obtenir des rendez-vous de phase deux.

Lors de vos rendez-vous, vous devrez démontrer votre différence en ne vous comportant surtout pas comme un vendeur (*même si la vente est votre seconde nature*) mais comme quelqu'un de différent. C'est de cette différence où tout se jouera.

Très souvent, les agendas des dentistes ou des spécialistes en médecine (*ophtalmologues, cardiologues, pédiatres*...) sont très chargés, et ils ont du mal parfois, à vous prendre avant un mois, deux mois, trois mois et même plus... Vous devez faire exactement pareil et montrer que vous êtes au moins aussi occupé qu'eux.

Dans l'esprit des gens, celui qui passe son temps à ne rien faire est souvent (*mais pas toujours*) considéré comme un glandeur, alors que celui qui semble très occupé, avec des rendez-vous par-ci et des rendez-vous par-là, sera perçu comme quelqu'un qui bosse bien (*même si ce n'est pas vrai*) et forcément, leur réaction ne sera pas là même selon qu'ils jugent être en face d'un glandeur ou d'un bosseur.

Pour cela, choisissez plutôt un agenda papier (eh oui, j'ai bien dit papier) format A4 avec la semaine sur deux pages, et utilisez des pastilles de différentes couleurs afin de mieux visualiser vos futurs rendez-vous. Par exemple, pastille jaune pour vos rendez-vous de phase une, pastille verte pour vos rendez-vous de phase deux, pastille bleue pour vos rendez-vous de phase trois, pastille violette pour vos rendez-vous de phase quatre.

Pour vous, ce sera plus clair et en un coup d'œil, vous pourrez rapidement évaluer le nombre de vos phases une, de vos phases deux, et même de vos phases trois et quatre. Car vous verrez que par la suite, il y aura également des phases trois et des phases quatre.

Pour votre interlocuteur, lorsque vous êtes sur le terrain et que vous convenez d'un rendez-vous de phase une, n'hésitez pas à ouvrir bien en grand votre agenda, afin qu'il puisse de visu se rendre compte qu'il est bien rempli. Quelque part, cela va lui donner l'impression que vous êtes particulièrement occupé et ce sera de nature à le rassurer.

Car en effet, quelqu'un qui prétend monter des partenariats susceptibles d'intéresser tous les professionnels du secteur, et qui présente un agenda rempli, sera à priori plus crédible, que celui dont l'agenda est anormalement vide. Nous sommes bien d'accord ?!

Maintenant, supposons que vous soyez en activité depuis plusieurs mois, avec des premiers rendez-vous, des deuxièmes rendez-vous et même des troisièmes rendez-vous, votre interlocuteur verra non seulement un planning bien rempli mais il verra aussi les pastilles de différentes couleurs. Il aura donc forcément l'impression que vous êtes non seulement très occupé, mais également très bien organisé. On est dans le psychologique. Rien d'autre. Mais dans ce métier, tout repose sur l'attitude et la psychologie. Sans oublier un parfait professionnalisme, ce qui sous-entend de bien maîtriser tous les concepts, sur lesquels vous travaillez.

DEUXIEME PARTIE

LE PREMIER RENDEZ-VOUS

LA PHASE UNE

9 - PRELIMINAIRE

Ça y est, vous avez pris de nombreux rendez-vous et votre planning est bien chargé pour les deux semaines à venir. Le plus dur a été fait. Ouf !

En effet, dans cette activité, lorsque l'on démarre, le plus dur est incontestablement de décrocher des rendez-vous.

Lorsque vous aurez pris de l'expérience et que vous compterez un certain nombre de clients, tout sera beaucoup plus simple car vous pourrez travailler sur de la recommandation. Mais pour le moment, ce n'est pas le cas, et il vous a fallu surmonter cette première épreuve, la prise de rendez-vous. Vous allez donc vous rendre à votre tout premier rendez-vous. Le rendez-vous de la PHASE UNE. **La fameuse PHASE UNE.**

Il faut savoir que la PHASE UNE est déterminante pour le bon déroulement de votre business.

Car en réalité, une PHASE UNE réussie, c'est presque cent pour cent de chances de monter un dossier en PHASE DEUX.

Presque... Pas au début bien sûr, car à moins qu'un coup de chance vraiment extraordinaire, vos premières phases une seront ratées. Elles seront ratées faute d'expérience. Et c'est tout à fait normal. Alors, ce qui importe, c'est d'en rater le moins possible.

Car en effet, vous vous êtes rendu compte de la difficulté pour la prise de rendez-vous, mais vous avez également pu vérifier que cela fonctionne.

Vous avez donc accumulé vos trente rendez-vous (*quinze pour la semaine trois et quinze autres pour la semaine quatre*) et à présent, vous allez vous rendre à votre tout premier rendez-vous. D'où l'intérêt d'avoir bien révisé votre trame de rendez-vous PHASE UNE.

Tout comme pour le phoning, où vous avez une trame sur laquelle vous pouvez constamment vous appuyer, il en est de même pour la PHASE UNE. Pour que vous ayez quelque chose à dire, encore faut-il savoir quoi dire. **Et c'est justement le rôle de cette fameuse trame.**

A l'instar d'un comédien, qui va jouer sa pièce en direct, vous allez jouer la vôtre, également en direct. Vous allez faire exactement comme le comédien. Avant de jouer devant les spectateurs, il aura répété, répété et encore répété sa pièce, jusque dans les moindres détails. ***Et pour cela, il aura appris son texte par cœur. A la virgule près.***

Et pourtant, le jour de la représentation, à aucun moment le public n'a l'impression qu'il ne la récite. Il la connaît par cœur, à la virgule près, et représentation après représentation, c'est exactement la même chose. Simplement, il est dans son rôle et il fait vivre son texte. Avec un gestuel, des mimiques appropriées, des temps de silence, des regards appuyés, des souffles imperceptibles... A aucun moment, il ne donne l'impression de réciter. Et sa pièce, pour autant qu'elle connaisse un franc succès, pourra être jouée et rejouée des dizaines et des dizaines de fois. Et même parfois, plusieurs centaines de fois, quand ce ne sont pas des milliers... ***Toujours le même texte, à la virgule près.***

Eh bien, vous allez devoir faire exactement comme cet acteur. Vous devrez apprendre par cœur votre texte rendez-vous PHASE UNE, jusqu'à parfaitement le connaître, à tel point que même si votre interlocuteur vous embarque ailleurs, soit en vous posant des questions en cours de route, soit en vous racontant sa vie, que vous soyez toujours capable de retomber sur vos pieds et de reprendre le droit fil de votre pensée. Quand vous aurez atteint ce stade, la PHASE UNE sera pour vous un jeu d'enfant, car à l'instar du comédien qui ne se rend pas au travail mais qui va jouer sa pièce, vous irez jouer la vôtre, sans aucune pression, sûr de vous et de votre force intérieure.

*
* *

10 - MISE EN SITUATION

Alors vous allez voir que les premiers rendez-vous ne sont jamais évidents, aussi ne vous étonnez pas de les louper. C'est normal. Ce qui est important, c'est qu'après avoir quitté votre interlocuteur, vous vous fassiez un débriefing à chaud, pour en tirer les conclusions et remédier à ce qui ne va pas et améliorer ce qui va. Vous aurez la trame sous les yeux et en la relisant, vous vous rendrez très vite compte de toutes vos erreurs. Notez-les et faites les corrections nécessaires. Vous verrez que le second rendez-vous se passera mieux et ainsi de suite.

On va dire que la première semaine sera plutôt une période de rodage et qu'à partir de la deuxième, vous allez progressivement vous libérer. Souvenez-vous, lors de votre prise de rendez-vous (*que soit au cours d'une conversation téléphonique ou en prospection directe*) vous avez demandé à ce que le conjoint, pour le cas où il y en aurait un, soit présent. S'il l'est, c'est très bien. S'il ne l'est pas et à supposer qu'à la suite de ce rendez-vous, vous programmiez un second rendez-vous de PHASE DEUX, il vous faudra, lors de ce second rendez-vous, passer par la PHASE UNE, pour ne pas cueillir à froid le conjoint absent la première fois (forcément pas au courant de tout ce qui aura été dit en PHASE UNE) et non pas vous lancer directement dans la PHASE DEUX. Si vous avez affaire à un célibataire, vous pouvez donc commencer votre PHASE UNE.

Le rendez-vous de PHASE UNE, peut tout aussi bien avoir lieu au domicile de votre interlocuteur, ou dans son bureau, ou son commerce où même, pourquoi pas, au café du coin... (*et oui, cela m'est déjà arrivé !*)

Poignée de mains franche, regard droit dans les yeux, présentation impeccable, vous avez tous les atouts en mains. Par conséquent, il ne faut surtout pas les brûler...

*

* *

11 - LE RENDEZ-VOUS COMMENCE

Vous démarrez invariablement de la même manière.

« *Vous savez pourquoi je suis là ?* » (Quand vous lui dites, « *vous savez pourquoi je suis là ?* » *vous devez prononcer cette phrase sur un mode affirmatif et non pas sur un mode interrogatif*)

L'autre forcément, ne le sait pas vraiment, et tout au plus, peut-il s'en douter.

« *Euh non... pas vraiment... mais vous allez me le dire, je suppose...* »

Ne répondez jamais trop vite et par trop d'automatisme aux questions ou aux affirmations.

Réfléchissez à ce que vous allez dire, même si vous n'y réfléchissez pas, puisque vous connaissez votre trame par cœur et à fond. Faites semblant de réfléchir, inspirez, donnez-vous une certaine importance. Donnez surtout de l'importance à ce que vous allez dire.

« *Mon métier... Monsieur DUPONT... consiste à monter un partenariat... pour créer des rapports gagnants-gagnants... et justement... ce type de partenariat... va directement vous concerner...* »

Vous faites de légers temps de pause, là où il convient de les faire. **Il est très important de les faire et ce, pour un certain nombre de raisons.**

Pour éviter d'avoir un débit trop rapide ou trop saccadé, ce qui n'est jamais bon pour une parfaite compréhension.

Pour vous permettre de déstresser, en vous donnant le temps de la respiration.

Pour permettre à votre interlocuteur de mieux vous suivre, de mieux vous comprendre.

Pour qu'éventuellement et s'il en a envie, il puisse prendre quelques notes.

Pour asseoir en quelque sorte votre autorité, et marquer votre différence.

Pour progressivement prendre le pouvoir, car souvenez-vous, ce rendez-vous, c'est vous qui l'avez demandé et non pas l'autre.

Vous êtes donc le demandeur. A vous de renverser les rôles et de le mettre à son tour, en situation de demandeur ! Donc, vous avez bien compris que les temps de pause, ne sont pas destinés à ce que votre interlocuteur prenne la parole, mais seulement pour lui permettre de suivre et de bien se remplir l'esprit, de tout ce que vous allez lui dire. De toutes manières, à ce stade-là, il n'aura pas grand-chose à dire et très souvent ce sera du genre :

« *Ah !* »

« *Si vous le dites...* »

« *Je suis curieux de savoir ce que s'est...* »

Il se peut également qu'il ne pipe mot. De toute façon, ça ne change absolument rien pour vous, et vous continuez sur votre lancée.

« *... Le but de ce partenariat... Monsieur DUPONT... est d'augmenter... votre sécurité... la vôtre... et celle de votre famille... de développer votre patrimoine... de vous générer des revenus complémentaires... d'améliorer votre retraite... et tout ça... Monsieur DUPONT... tout ça... en utilisant l'argent de vos impôts... en partie ou en totalité...* »

A ce stade-là, il peut avoir diverses réactions comme par exemple :

« *Je ne comprends pas bien...* »

« *C'est de l'assurance vie votre truc ?* »

« *J'ai déjà tout prévu pour ma retraite !* »

« *Ça ne m'intéresse pas !* »

Mais il peut également ne faire aucun commentaire, et attendre tout simplement la suite. Vous vous contentez de reprendre exactement ce que vous venez de lui dire, mot pour mot :

« *... Le but de ce partenariat... Monsieur DUPONT... est d'augmenter... votre sécurité... la vôtre... et celle de votre famille... de développer votre patrimoine... de vous générer des revenus complémentaires... d'améliorer votre retraite... et tout ça... Monsieur DUPONT... tout ça... en utilisant l'argent de vos impôts... en partie ou en totalité...* »

Une fois terminé, vous enchaînez directement, sans même lui laisser le temps de répondre quoi que ce soit.

« *Toutes les personnes que je rencontre... Monsieur DUPONT... aimeraient pouvoir en faire partie... mais malheureusement... toutes ne sont pas éligibles... car encore... faut-il... que leur profil s'y prête... est-ce que c'est également votre cas ?* »

Vous laissez passer un temps de silence. Pas trop long. Juste le temps de le laisser s'exprimer.

« *Oui mais... tout ça c'est bien vague...* »

« *Ben je n'en sais rien... c'est à vous de me le dire...* »

« *Je ne comprends toujours pas l'objet de votre démarche...* »

Vous sortez tranquillement de votre sacoche, une feuille de papier et de quoi écrire. Évitez le stylo bille bon marché (*la fameuse pointe BIC*) et faites preuve d'un minimum de goût et de distinction. Pas nécessaire pour autant d'avoir un Mont-Blanc ou un truc dans le genre. Et vous posez vos questions.

Marié/célibataire ?

Profession ?

Age ?

Enfants à charge ?

Nombre de parts ?

Niveau de revenus ?

Montant de l'impôt ?

Propriétaire ?

Locataire ?

Revenus fonciers ?

Taux d'endettement ?

Etc...

Ce sont toutes des questions standard, passage obligé, pour pouvoir bien avancer. Certaines peuvent agacer. Si c'est le cas, et si vous sentez chez votre interlocuteur un léger mécontentement, voire un malaise qui s'installe, à l'énumération de certaines questions qu'il estime mal placées, pour ne pas dire hors de propos, pas de problème.

Vous adoptez la technique du disque rayé et reprenez pour la troisième fois :

« … *Le but de ce partenariat... Monsieur DUPONT... est d'augmenter... votre sécurité... la vôtre... et celle de votre famille... de développer votre patrimoine... de vous générer des revenus complémentaires... d'améliorer votre retraite... et tout ça... Monsieur DUPONT... tout ça... en utilisant l'argent de vos impôts... en partie ou en totalité... Toutes les personnes que je rencontre... Monsieur DUPONT... aimeraient pouvoir en faire partie... mais malheureusement... toutes ne sont pas éligibles... car encore faut-il que leur profil s'y prête... et c'est justement tout l'objet de mes questions.* »

Vous avez repris mot pour mot tout ce que vous venez de dire. Vous vous êtes contenté de simplement modifier la fin, pour l'entraîner sur le sujet du moment, à savoir vos questions. C'est à vous de prendre la main, pour ne pas vous faire marcher sur les pieds. En agissant ainsi, vous allez déstabiliser votre interlocuteur. Car en réalité, il n'a pas l'habitude de ce genre d'entretien, parce qu'en règle générale, ce sont des vendeurs qu'il rencontre. Et vous n'êtes pas un vendeur. Quoique !... Vous poursuivez là vous vous en étiez, pour enfin conclure.

« *Bon... Monsieur DUPONT... je vous remercie d'avoir bien voulu répondre... à toutes mes questions... je comprends... votre surprise... car après tout... nous ne nous connaissons pas... et de vous à moi... Monsieur DUPONT... il est fort probable... que j'aurai réagi pareil...* »

Vous passez un temps de silence, un peu plus long, mais vous reprenez le premier la parole.

« *… Ceci étant... Monsieur DUPONT... je peux vous assurer... que toutes... les personnes... rencontrées... ont eu exactement... la même réaction que vous... et je peux vous assurer... Monsieur DUPONT... qu'elles sont toutes...*

devenues... mes partenaires... à condition que cela soit possible... »

Monsieur DUPONT par-ci, Monsieur DUPONT par-là.

Autant que faire se peut, vous reprenez le nom de la personne avec laquelle vous êtes en entretien. Cela montre que vous vous intéressez à elle et que vous manifestez ainsi, une certaine forme de courtoisie à son égard. Par ailleurs, le fait de répéter son nom à plusieurs reprises vous permettra également de mieux le mémoriser.

« *Aujourd'hui... Monsieur DUPONT... vous tirez vos revenus... du fruit de votre travail... mais si demain... Monsieur DUPONT... vous ne pouviez plus travailler... parce que vous n'auriez plus d'emploi... parce que vous seriez dans l'incapacité de travailler... à cause d'une longue maladie... à cause d'une invalidité... que se passerait-il ?* »

Déroulez tranquillement ce que vous avez à dire. S'il vous rétorque qu'il a des assurances, qu'il cotise à pôle emploi et patin couffin, laissez-le dire et ne l'interrompez surtout pas. Contentez-vous de reprendre là où vous en étiez, avant qu'il ne vous interrompe, et poursuivez comme si de rien n'était.

« *Aujourd'hui... Monsieur DUPONT... vous tirez vos revenus... du fruit de votre travail... mais si demain... Monsieur DUPONT... vous ne pouviez plus travailler... parce que vous n'aurez plus d'emploi... parce que vous seriez dans l'incapacité de travailler... à cause d'une longue maladie... à cause d'une invalidité... que se passerait-il ?... Et bien tout simplement... Vous n'aurez plus de revenus... Bien sûr Monsieur DUPONT... il y aurait le chômage... mais croyez-vous que l'assurance chômage peut vous garantir votre train de vie ?... Bien sûr... vous avez l'assurance maladie... mais entre nous... Monsieur DUPONT... avez-vous jamais vu une assurance maladie garantir l'intégralité de vos revenus pendant toute une vie ?* »

Vous lui avez posé, coup sur coup, deux questions de nature à le faire réfléchir. Et vous continuez sur votre lancée.

« *A supposer... Monsieur DUPONT... que vous alliez jusqu'au bout... de votre parcours professionnel... combien toucherez-vous à la retraite ?... Nous savons tous... que nos retraites... sont en peau de chagrin... et plus le temps passe... et plus elles seront réduites... la retraite est un sujet brûlant... de grande actualité... et quoique puissent dire... ou faire... nos politiques... il faudra bien penser... à la préparer par vous-même...* »

Pas grand-chose à y redire tellement c'est une évidence. Vous marquez un temps silence, un peu plus long que ceux auxquels vous l'avez habitué. Vous êtes en train d'enfoncer un clou. Et il y réfléchit. Car il le sent bien. Cela le concerne directement.

« *Aujourd'hui... Monsieur DUPONT... le monde est divisé en deux...* »

Vous marquez un temps de silence un peu prolongé. Il attend la suite. Il sait qu'elle va venir.

« *... Non... désolé... pas en deux... mais en trois... le monde est divisé en trois... Monsieur DUPONT...* »

Il vous regarde, forcément surpris et déstabilisé, car il ne s'attendait pas à ça ! Vous sortez une autre feuille de papier et vous lui faites un petit schéma.

« *D'un côté... Monsieur DUPONT... vous avez le monde du capital... ce monde comprend des gens qui ne travaillent pas... et qui bénéficient de leurs rentes... pour vivre... ils possèdent de nombreux biens... ils ont un train de vie je ne vous dis pas... et surtout... surtout... Monsieur DUPONT... ils ne payent pas... ou pratiquement pas d'impôts... parce qu'ils sont informés... parce qu'ils ont des conseils... parce qu'ils profitent...*

de ce que les lois... leur permettent de faire... c'est ça le monde capitaliste... n'est-ce pas ?... »

C'est une manière de recueillir son assentiment. Ce que vous venez de dire est une évidence. Il le sait. Il s'en doute. Vous le lui rappelez.

« D'un autre côté... Monsieur DUPONT... il y a le monde des sans-papiers... et des assistés... vous savez... ceux qui viennent de partout... et de nulle part... ils arrivent sans rien... et ils profitent d'un système... où on leur donne tout... sans aucune contrepartie... de toutes manières... on ne peut rien leur prendre... puisqu'ils n'ont rien... mais quand même... la société... l'état... vous... moi... nous autres travailleurs... on va tout leur donner... et ce qui est sûr... Monsieur DUPONT... c'est que ces gens... ne participent pas... à l'effort de contribution nationale... que nous réclame l'état... à nous autres travailleurs... et de ce fait... ils ne paient pas d'impôts... c'est ça le monde des assistés...»

Vous le regardez bien dans les yeux, comme pour mieux deviner sa pensée, et vous marquez un nouveau temps de silence, avant de poursuivre.

« Et pour boucler la boucle... Monsieur DUPONT... vous avez le monde du travail... le monde du travail qui comprend des gens comme vous... comme moi... des gens qui tirent leur revenus... du fruit de leur travail... et à ces revenus... il convient de déduire... tous les impôts et toutes taxes... que l'Etat nous ponctionne... les frais de logement... de nourriture... de santé... les assurances... les frais de scolarité... les déplacements... les loisirs et les vacances... quand cela est possible... bref... une fois que l'on a tout payé... il ne reste plus rien... ou plus grand chose... vous me suivez Monsieur DUPONT ?... »

Bien sûr qu'il vous suit. Tout ça, il le sait sans le savoir. Il y pense sans y penser. Il le voit sans le voir. Il le lit sans le lire.

Et vous êtes là, pour le lui rappeler ! C'est le moment de porter l'estocade.

« Mon métier... Monsieur DUPONT... est de vous faire passer... du monde du travail... dans le monde du capital... simplement... en utilisant l'argent... de vos impôts... est-ce que cela-vous intéresse ?»

Il peut vous répondre OUI.

Il peut vous répondre NON.

Il peut ne pas vous répondre du tout et attendre.

Quelle que soit la réponse (ou là non réponse), vous vous contentez de reprendre ce que vous venez de dire, mot pour mot, à la virgule près.

« Mon métier... Monsieur DUPONT... est de vous faire passer... du monde du travail... dans le monde du capital... simplement... en utilisant l'argent... de vos impôts... est-ce que cela-vous intéresse ?»

1 - <u>Soit il vous a déjà dit NON</u>

Et il vous le redit une nouvelle fois. Pas de problème.

Vous reprenez exactement comme si vous étiez au tout début de votre rendez-vous, depuis le point de départ.

N'ayez aucune crainte. Autant vous connaissez par cœur votre texte, autant il ne l'a jamais encore entendu, à part tout à l'heure. Il ne s'en souviendra pas, ou si peu... Il se peut alors qu'il vous redise une troisième fois NON.

Après trois refus, il est extrêmement rare d'obtenir une acceptation.

Pour autant, essayez de comprendre pourquoi en lui posant de bonnes questions. Est-ce que c'est votre manière de faire qui lui a déplu ? Est-ce qu'il n'est pas du tout concerné par les problèmes évoqués ? Est-ce qu'il n'a pas bien compris ? Ne partez pas sans avoir posé ces quelques questions.

2 - **Soit il vous a déjà dit OUI**

Et il vous le confirme une seconde fois. Dans ce cas, vous poursuivez.

3 - **Soit il ne vous a pas répondu**

Il est très peu probable qu'il ne vous réponde pas, cette fois ci. Ce sera OUI ou NON.

Si c'est NON, vous reprenez depuis le départ, exactement comme si vous veniez de démarrer votre rendez-vous.

Si c'est OUI, vous poursuivez, comme nous allons le voir dans le chapitre suivant.

*

* *

12 - LE RENDEZ-VOUS SE TERMINE

« Bien... Monsieur DUPONT... vous êtes intéressé et qui ne le serait pas !... C'est l'objet... justement... de notre prochain rendez-vous... supposons... Monsieur DUPONT... que lors de notre prochain rendez-vous... je sois capable... de vous monter... une opération financière... et de vous apporter... plus de patrimoine... de préparer... votre retraite... d'augmenter votre sécurité... et celle de votre famille... en utilisant pour cela... l'argent de vos impôts... si j'y arrive... Monsieur DUPONT... seriez-vous prêt... à la réaliser ? »

A ce moment, tout va très vite. Trop vite. Il vous suit sans vous suivre. Il comprend sans vraiment comprendre. Il voudrait bien mais il ne veut pas. Il se pose un tas de questions. Il a envie mais il faut lui donner l'envie.

En fait, il est incapable de prendre une décision.

1 - premier cas de figure

▪ S'il est marié et que son épouse n'est pas là, il va vous répondre qu'il doit en parler à sa femme.

« *Mais bien sûr Monsieur DUPONT... C'est tout à fait normal... à votre place... je réagirai pareil... et je voudrais également... en parler à ma femme...* »

Vous cherchez à le rassurer en dédramatisant. Puis vous reprenez exactement, mot pour mot, à l'avant dernier paragraphe. Vous vous souvenez ?... La fameuse technique du disque rayé !

« *Mon métier... Monsieur DUPONT... est de vous faire passer... du monde du travail... dans le monde du capital... simplement... en utilisant l'argent... de vos impôts... est-ce que cela-vous intéresse ?* »

Il va vous redire OUI.

Pour la troisième fois !!!

Et vous enchaînez tout naturellement.

« Bien... Monsieur DUPONT... vous êtes intéressé et qui ne le serait pas !... C'est l'objet... justement... de notre prochain rendez-vous... supposons... Monsieur DUPONT... que lors de notre prochain rendez-vous... je sois capable... de vous monter... une opération financière... et de vous apporter... plus de patrimoine... de préparer... votre retraite... d'augmenter... votre sécurité... et celle de votre famille... en utilisant pour cela... l'argent de vos impôts... si j'y arrive... Monsieur DUPONT... seriez-vous prêt... à la réaliser ?... Je tiens quand même à vous rassurer... votre épouse participera... à ce second rendez-vous... sa présence... est du reste... obligatoire... »

Son problème, c'était son épouse. Et vous venez de le régler ! Mais quand même, il va vouloir en savoir un peu plus. En général, les gens veulent toujours en savoir un peu plus. Alors, vous allez ressortir une autre feuille blanche et vous allez lui faire un petit croquis. Vous tracez un trait horizontal et au milieu, un trait vertical. A gauche, vous mettez le signe « + » et à droite, le signe « - ». Et vous expliquez

« *Ici... Monsieur DUPONT... vous avez les entrées... d'un côté des revenus... générés... par l'opération... mise en place... mais... vous avez également... toutes vos économies d'impôts... de l'autre... vous avez... des sorties... l'objectif... est d'arriver... au plus près... de l'équilibre... ce n'est pas... toujours... possible... et dans ce cas... il nous faudra... peut-être... prévoir un léger effort d'épargne... justement... Monsieur DUPONT... de combien d'épargne... Pourriez-vous disposer... sans rien changer... je dis bien... sans rien changer... à votre train de vie ?...* »

L'autre comprend grosso modo, les grandes lignes de ce que vous venez de lui décrire. Il focalise à présent sur cet effort d'épargne, car potentiellement, ça peut l'intéresser. Et de toutes manières, ça ne l'engage en rien. Il n'a rien signé. Il ne vous a rien promis. Il ne vous garantit rien.

Selon les revenus, les crédits, le train de vie, cet effort d'épargne va varier. Peu importe. L'opération sera adaptée en fonction de tous les critères connus.

2 - deuxième cas de figure

▪ S'il est célibataire, il va sans doute vouloir en parler autour de lui, à son beau-frère, (*vous savez, celui qui connaît tout mais qui ne sait rien*) ou à son père ou encore à un ami... C'est normal. Vous reprenez exactement comme ci-dessus, sauf que dans le cas précédent, c'était à sa femme à qui il voulait en parler.

Il vous reste donc à convenir du prochain rendez-vous, celui de la PHASE DEUX. Mais avant, vous allez poser une batterie de questions, plus poussées que les précédentes, de manière à connaître le plus précisément possible le profil du « candidat ». Car pour l'instant, avec ce que vous savez de lui, il ne vous est pas possible de préparer quoi que ce soit de valable.

A ce stade, vous pourrez lui poser toutes les questions qui vous passeront par la tête, il y répondra sans aucun problème. Pour autant, posez les bonnes questions et cela vaudra mieux. Vous sortez votre fiche prévue à cet effet, et vous commencez à la remplir. On y inscrit tous les renseignements indispensables.

L'ensemble des revenus (salaires, BNC, BIC, revenus fonciers, dividendes, indemnités diverses, retraites...)

Les crédits en cours

Les montants des pensions

Le loyer (*si locataire*)

Le montant de l'impôt sur le revenu

La taxe foncière

Etc……..

Vous avez la fiche sous les yeux et ainsi, vous n'oublierez rien. Puis vous sortez votre agenda afin de convenir du rendez-vous.

Votre agenda est bien rempli et vous allez l'ouvrir en grand, en faisant tourner quelques pages, histoire de montrer que vous êtes une personne très occupée. Le fait de voir un agenda rempli, avec toutes les pastilles de différentes couleurs, va quelque part, rassurer votre interlocuteur. Il aura l'impression qu'il n'est pas le seul, et forcément, il se sentira un peu plus en confiance.

C'est exactement pareil lorsque vous vous rendez dans un restaurant que vous ne connaissez pas. Si vous avez le choix entre plusieurs établissements et qu'ils sont tous pratiquement vides alors qu'un seul est bien rempli, vous irez toujours vers celui dans lequel il y a du monde. Parce que vous ne pourrez pas vous empêcher de penser que si les autres sont vides, c'est que sûrement il y a un problème. Le fait qu'il y ait du monde vous a rassuré.

Et bien c'est exactement pareil pour l'agenda. Votre agenda bien rempli avec de nombreux rendez-vous, est plutôt un signe de réussite, dans l'esprit du commun des mortels, plutôt qu'un facteur d'échec. Et les gens sont naturellement tournés vers la réussite.

Petite remarque très importante en passant : vous prévoyez une semaine de délai pour le prochain rendez-vous. Pas plus et pas moins.

Pourquoi pas plus ? Parce qu'avec le temps, tout ce qui aura été vu risque de sérieusement s'estomper et la motivation pourrait diminuer.

Pourquoi pas moins ? Parce que pour ce prochain rendez-vous, vous allez lui demander de vous préparer un certain nombre de documents. Et il lui faudra le temps de vous les préparer.

Le rendez-vous fixé, vous abordez la partie documents.

« *Monsieur DUPONT... je vais donc travailler... sur votre dossier... de manière à tenir... mes engagements... à savoir... développer votre patrimoine... augmenter votre sécurité... et celle de votre famille... préparer votre retraite... utiliser l'argent de vos impôts... pour pouvoir intégrer tout ceci... dans le cadre... de votre opération...* »

Vous marquez tous les temps de silence nécessaires. Vous n'allez surtout pas plus vite que la musique.

Ce que vous allez dire est d'une importance capitale.

« *Pour ce rendez-vous... je vous demande... de bien vouloir me préparer... les photocopies... de tous les documents suivants.* »

Vous avez une liste pré-imprimée des documents nécessaires. Vous la sortez, et puis vous commencez à cocher et à surligner en jaune, tout ce dont vous aurez besoin. En même temps que vous cochez ou surlignez, vous reprenez à haute voix, tout en le regardant, afin de vérifier s'il est toujours dans le coup.

« *Alors... Monsieur DUPONT... photocopie... recto et verso... de votre carte d'identité... ainsi que celle de Madame... photocopie... de votre livret de famille... je précise... uniquement les pages annotées... photocopie... d'un justificatif de domicile... par exemple... facture EDF... photocopie... de vos deux derniers... avis d'imposition... photocopie complète.... Photocopie... de vos deux dernières déclarations de revenus.... Photocopies... de vos trois derniers relevés de compte bancaire... au cas où... vous n'en n'auriez qu'un seul... ou de tous vos comptes... si vous en avez plusieurs...* »

Et vous continuez jusqu'à la fin de votre liste. Il peut y avoir relativement peu de photocopies à préparer, comme il peut y en avoir un épais dossier. Enfin et une fois la feuille complétée, vous la relisez rapidement, histoire de vérifier si vous n'avez rien oublié, et vous la lui remettez. Pourquoi demander à préparer les photocopies de ces documents maintenant et pas au prochain rendez-vous ? C'est ce que nous allons voir.

*
* *

13 - AVANT DE PARTIR

Alors attention, ne partez surtout pas précipitamment. Vous avez créé une très forte pression, dans une ambiance un peu particulière. Il va falloir faire redescendre cette pression, en détendant l'atmosphère.

Vous n'êtes pas un vendeur d'aspirateurs, vous n'êtes pas un agent d'assurances, vous n'êtes pas un marchand de soupe, vous êtes en train de devenir **LE** conseiller en gestion de patrimoine de Monsieur DUPONT. Mais vous ne l'êtes pas encore.

Si Madame n'était pas là, alors qu'il est marié et qu'elle sera présente au second rendez-vous, demandez-lui tout simplement, comment il compte lui en parler. Il vous répondra pratiquement à tous les coups, qu'il va essayer de lui répéter tout ce que vous venez de dire. Ce qui est purement impossible.

« *Monsieur DUPONT... n'essayez pas... mais n'essayez surtout pas... de lui répéter... tout ce que je viens de vous présenter... dites-lui simplement... que le but de cette opération... est de vous créer davantage de richesse... de patrimoine... de sécurité.... Pour vous et votre famille... de préparer votre retraite... tout ça... avec l'argent de vos impôts... voilà ce qu'il faut lui dire Monsieur DUPONT... Est-ce que c'est bien clair ?* »

Juste avant de partir, vous lui rappelez de ne pas oublier de préparer les photocopies de tous les documents demandés, et vous vous quittez courtoisement. Poignée de main ferme et regard droit dans les yeux. Vous faites preuve d'une grande maîtrise et d'une grand assurance et c'est cette image qu'il doit garder de vous.

TROISIÈME PARTIE

LE DEUXIEME RENDEZ-VOUS

LA PHASE DEUX

14 – BON A SAVOIR

Aussi surprenant que cela puisse paraître, cette fameuse PHASE DEUX ne devrait être qu'une simple formalité. Pour autant que vous maîtrisiez votre trame. Je parle de la trame PHASE DEUX.

Certes, elle est beaucoup plus technique que la trame PHASE UNE, mais vous allez voir que cette technicité va jouer à votre avantage.

Maintenant, pour dérouler cette PHASE DEUX, il vous faudra beaucoup d'entraînement, bien la répéter, à l'instar du comédien qui apprend par cœur sa pièce pour mieux l'interpréter.

Sachez tout simplement que si vous avez réussi à obtenir ce second rendez-vous, ce n'est pas par hasard. Vous n'avez pratiquement rien dévoilé de votre stratégie et pourtant...

Votre interlocuteur a accepté ce second rendez-vous, et il l'attend avec beaucoup de curiosité et d'espoir. Curiosité, car il est comme tout le monde et il a envie de savoir. Espoir, car il a bien senti que vous n'êtes pas comme tout le monde.

Et c'est justement cela le secret de la PHASE UNE.

Vous ne devez absolument pas être comme tout le monde.

Il faut surprendre.

Il faut provoquer une attente.

Il faut savoir laisser l'autre sur sa faim.

Il ne faut surtout pas se dévoiler.

Il faut être différent.

Il faut marquer sa différence.

Sinon... Sinon, vous serez comme tous les autres. Et les autres, il y en a des milliers. Alors comment voulez-vous dans ce cas, devenir LE conseiller en gestion de patrimoine de Monsieur DUPONT, de Monsieur DURAND, de Monsieur DUBOIS, etc.... si vous utilisez les mêmes méthodes, les mêmes lois, les mêmes placements ?... Parce que ne nous trompons pas. Personne dans ce métier, n'a inventé le fil à couper le beurre. Et quand bien même, si certains auront cru être plus malins, en proposant de fortes rentabilités sur des produits de leur création, l'effet soufflé ne s'est jamais trop longtemps fait attendre.

Autant il est beaucoup plus difficile, de faire passer une bonne PHASE UNE, car elle repose essentiellement sur la psychologie de l'individu, autant la PHASE DEUX l'est moins, car elle repose sur de la technicité.

Imaginez d'avoir à présenter un tableau, par exemple l'un des plus connus si ce n'est le plus connu au monde : la Joconde. Imaginez d'avoir à le présenter sans le montrer. En le suggérant. En l'évoquant. En le pensant. Et je vous parle de la Joconde, celui que tout le monde connaît.

Mais prenez en un autre, d'un illustre inconnu et vous allez voir à quel point une simple toile peut prendre des allures extrêmement complexes. Sans rien montrer, vous devez donner l'envie à votre interlocuteur de le voir.

C'est pareil pour la PHASE UNE.

Sans rien dévoiler, vous devez donner l'envie d'aller plus loin.

15 - MISE EN SITUATION

Vous êtes un professionnel. Vous avez donc bien confirmé le rendez-vous. Beaucoup ne le font pas, tellement ils ont peur qu'en appelant, l'autre va profiter de l'occasion pour annuler ! C'est une erreur. Vous ne devez jamais subir et dépendre des événements ou des imprévus. **C'est à vous de les organiser en fonction de votre planning.** Ne pas confirmer un rendez-vous est également un manque de respect et de considération vis à vis de votre interlocuteur. L'appeler pour le confirmer, témoigne de votre intérêt à son égard. D'une certaine manière, cela prouve votre professionnalisme. Et c'est justement ce qu'il attend.

Il attend quelqu'un de sérieux, de responsable, de professionnel.

Avant de vous rendre à votre PHASE DEUX, vous avez bien sûr pris la peine et le temps, d'apprendre par cœur votre trame, la réviser et la répéter. **Vous la connaissez sur le bout des doigts**. Et ce qui est sûr, c'est qu'avec le temps et l'expérience, vous vous améliorerez. Mais votre préparation devrait suffire et n'oubliez pas, vous êtes sur votre terrain et en conséquence, vous devriez manœuvrer comme un poisson dans l'eau. Ceci étant, vous allez avoir deux cas de figures, selon que Madame était présente ou non, au premier rendez-vous.

1 - Madame n'était pas présente lors du premier rendez-vous

Cela veut dire qu'elle ne peut être directement en phase. Dans ce cas, vous devez refaire intégralement votre PHASE UNE, de manière à l'emmener là où vous voulez qu'elle se rende, c'est à dire sur votre terrain de jeu. Cette préparation est essentielle, pour ne pas dire indispensable.

Car si vous embrayez directement sur la PHASE DEUX, alors qu'elle n'a rien entendu de la PHASE UNE, il est plus que probable qu'elle ne vous suive pas, tout simplement parce qu'elle aura raté une étape. Et comme vous le savez parfaitement, il ne faut surtout pas brûler les étapes !

C'est un peu comme dans un film, dans lequel on vous présente la fin avant le début. Quand on arrive à l'heure à la séance et que l'on ne rate pas le début, la fin va venir comme une évidence, et vous aurez fait le rapprochement nécessaire entre ce qui aurait pu paraître surprenant au début mais tellement logique à la fin. Si vous arrivez en retard, vous aurez forcément un goût d'inachevé faute d'avoir vu le début, et en fin de compte, vous ne seriez pas plus emballé que cela.

C'est exactement pareil pour la PHASE DEUX. Sans la PHASE UNE, la PHASE DEUX ne passe pas.

2 - Madame était présente lors du premier rendez-vous

Dans ce cas, inutile de refaire une PHASE UNE, et après les banalités d'usage, la mise en ambiance, les petits propos sympas histoire de détendre l'atmosphère, vous attaquez directement.

Vous vous souvenez que lors de votre premier rendez-vous, vous avez laissé une liste de documents à préparer.

S'ils sont prêts, cela veut dire que vous avez fait une très forte impression lors de la PHASE UNE et que probablement, la PHASE DEUX ne sera qu'une simple formalité.

S'ils ne sont pas prêts, et bien ce n'est pas gagné, mais pour autant, ce n'est pas perdu.

En règle générale, lorsqu'ils sont prêts, ils sont déjà déposés sur la table, bien en évidence. Du reste, vous l'avez remarqué au premier coup d'œil.

S'ils n'y sont pas, cela ne veut pas dire qu'ils n'aient pas été préparés, mais tout simplement que vos clients les gardent peut-être en réserve, et qu'ils jugeront ou non, de l'opportunité de vous les remettre.

Dans les deux cas de figures, pas de problème, vous posez la seule et unique question :

« *Bien... Madame DUPONT... Monsieur DUPONT... avez-vous pensé... à me préparer... TOUS les documents ?* »

Le mot « **TOUS** » est très important. Vraiment très important. Vous avez besoin de tous ces documents et non pas d'une partie.

S'ils n'ont rien préparé, vous leur demandez simplement pourquoi ils ne l'ont pas fait.

Et suivant leurs réponses, vous allez très vite « sentir » l'ambiance.

Après tout, ils ne vous connaissent pas...

Ils ne savent pas ce que vous allez en faire...

Même leur banquier ne leur en demande pas autant...

Votre démarche est intrigante...

Ils se méfient de toutes ses escroqueries que l'on voit régulièrement à la télé...

S'ils ne sont pas prêts et bien tant pis, il faudra faire sans.

S'ils ont tout préparé, vous les vérifiez tranquillement et les passez en revue, afin de voir s'il n'en manque pas.

S'il en manque, vous les notez et vous verrez ce point plus tard, en fin de rendez-vous, selon que le dossier aura été monté ou non.

*
* *

16 - LE RENDEZ-VOUS COMMENCE

« *Bien... Madame DUPONT... Monsieur DUPONT... vous savez... pourquoi je suis là ?* »

Votre timbre de voix est bien posé.

Vous être poli et courtois, tout en étant ferme.

Vous n'êtes pas là pour rigoler et d'emblée, ils vont le sentir.

A cette question, il est probable qu'ils vous répondent par l'affirmative.

« *Mon métier... comme vous le savez... consiste à augmenter... votre sécurité... la vôtre... celle de vos enfants... de votre famille...* »

Vous marquez un temps d'arrêt et les regardez droit dans les yeux, juste le temps qu'il faut pour recueillir une manifestation de leur part, signifiant ainsi qu'ils vous suivent bien.

Il n'est pas question de les hypnotiser ou quoi que ce soit d'autre, mais tout simplement, à chaque étape importante, de valider ce qui aura été dit.

Car comment voulez-vous qu'ils acceptent de monter une opération financière avec vous, alors qu'ils ne vous connaissaient ni d'Eve et ni d'Adam, voilà encore si peu, si eux-mêmes ne sont pas en phase avec ce que vous leur racontez ?

Donc, il faudra à chaque fois, recueillir des validations.

« *… vous savez... aussi bien que moi... qu'en cas de grave problème... de santé... voire d'incapacité partielle... ou* totale... temporaire... ou à vie... vous n'aurez plus aucune sécurité... puisqu'à l'heure actuelle... elle est directement liée... aux revenus... des fruits de votre travail... Est-ce que vous me suivez ? »

Tous deux vont acquiescer, tellement cela paraît évident.

« ... je vais également... préparer votre retraite... car... ce n'est un secret... pour personne... nous savons tous... qu'aujourd'hui... on ne pourra plus compter... sur la retraite... par répartition... c'était valable... avant... à l'époque... où il y avait... quatre actifs pour un retraité... aujourd'hui... nous avons un actif pour un retraité... et demain ?... Avec le chômage... la crise économique... qui perdure... les mutations sociétales... les gens qui arrivent... de toutes parts... du monde entier... demain... que va-t-il se passer demain ? »

Vous marquez un temps de silence car à ce moment, ils prennent de plus en plus conscience de la triste réalité et il n'y a rien à dire. Si ce n'est qu'ils vont gentiment acquiescer à tout ce que vous venez de dire. Et vous poursuivez.

« ... demain... si vous n'avez pas... vous-même... préparé votre retraite... et bien... vous n'aurez rien... car la vie... est de plus en plus chère... et pour maintenir... un niveau de vie... satisfaisant... pouvoir profiter... de ce que la vie... peut vous offrir... voyager... s'offrir de bons restaurants... gâter ses petits enfants... tout ça quoi... et bien... Madame DUPONT... Monsieur DUPONT... il faut absolument... que vous la prépariez... dès maintenant... il n'y a plus de temps à perdre... »

Vous marquez un nouveau temps de silence, histoire de peser sur l'ambiance. Tout ce que vous dites n'est pas franchement original et ils s'en doutaient plus ou moins.

Mais ce qui importe, c'est le ton et la manière que vous allez employer pour faire passer le message.

Ne faites surtout pas comme celui qui débite tout ça d'un coup, comme une longue litanie sans effet et sans résultat.

Faites comme l'autre, qui y met la forme et le fonds, en imposant son regard, son gestuel, son ton, ses temps de silence... Tous ces éléments indispensables qui vont permettre de faire passer le message.

« ... pour augmenter... votre sécurité... pour préparer... votre retraite... il est absolument indispensable... de développer votre patrimoine... aujourd'hui... ceux qui sont à l'abri... du besoin... qui n'ont aucun problème... de retraite... qui n'ont aucun problème particulier... de sécurité... découlant de la santé... et bien... ceux-là... Madame DUPONT... Monsieur DUPONT... ceux-là... possèdent du patrimoine... beaucoup de patrimoine... parfois... »

Marquez toujours la fin d'un paragraphe important par un temps de silence un peu plus appuyé.

Cela permet d'une part, de mieux sensibiliser vos interlocuteurs, et d'autre part, de vérifier leur attention pour le cas où elle se serait quelque peu relâchée.

« ... et bien... justement... mon métier... consiste également... à vous permettre... de développer plus de patrimoine... pour vous permettre... de devenir... comme ces gens... qui n'ont pas peur de l'avenir... car le présent... parle déjà pour eux... »

Et là, vous sortez une feuille de papier et vous notez les trois principes énoncés.

- SECURITE avec juste à côté une flèche pointée vers le haut, pour bien montrer que vous allez l'augmenter.

- RETRAITE, également avec une flèche pointée vers le haut.

▪ PATRIMOINE, toujours avec la flèche pointée vers le haut.

Et vous leur répétez, histoire de bien enfoncer le clou.

« *Donc... le but de cette opération... est d'augmenter votre sécurité... votre retraite... et votre patrimoine... est-ce que vous comprenez ?* »

A ce stade-là, il ne faut pas être bac + 7 pour comprendre.

« *Bien... le petit problème... c'est que vos revenus... sont issus... du fruit de votre travail... et que lorsque vous avez payé... vos remboursements de crédits... vos frais liés à la vie de tous les jours... la nourriture... la scolarité... la santé... les sports... la culture... les divertissements... les sorties... le budget vacances... quand il en reste un... les imprévus... et oui les imprévus... toujours là quand il ne faut pas les imprévus... sans compter l'argent de vos impôts... impôt sur le revenu... taxe foncière... taxe d'habitation... toutes ces taxes... qui nous empoisonnent la vie...* »

Là, vous leur faites un grand sourire, histoire de dédramatiser.

« *... et bien... quand vous avez tout payé... rubis sur l'ongle... je peux vous dire... Madame DUPONT... Monsieur DUPONT... qu'il ne vous reste pratiquement rien... n'est-ce pas ?...*

Que pensez-vous qu'ils vont bien pouvoir dire ?...

« *... et bien... pour augmenter votre sécurité... pour préparer votre retraite... pour développer du patrimoine... tout ça... je vais le faire avec l'argent de vos impôts... en d'autres termes... au lieu de verser... au Trésor Public... l'argent... que vous devez... obligatoirement... verser... au titre de votre impôt* *sur le revenu... vous consacrerez... cette même somme... non pas dans l'intérêt général... mais dans votre intérêt particulier... c'est quand même mieux, n'est-ce pas ? »*

Ils ne vous diront certainement pas le contraire.

« Oui... ça semble alléchant... »

« C'est très beau tout ça... mais comment faites-vous ? »

« Vous êtes un magicien ? »

« Mais... c'est légal votre truc ? »

Les réponses seront diverses et variées, mais tourneront toutes vers les mêmes préoccupations.

Pour autant, ils vous suivent et c'est l'essentiel.

*
* *

17 - LE RENDEZ-VOUS SE POURSUIT

Vous vous souvenez qu'à la fin de votre premier rendez-vous, vous avez pris un certain nombre d'informations : montant de l'impôt, revenus, crédits en cours, revenus exceptionnels, etc...

En fait, sous réserve de n'avoir pas été induit en erreur, vous avez tous les outils en main pour préparer et monter le dossier, sur lequel vous comptez vous appuyer, pour faire votre vente.

Car soyons bien clairs. Il n'existe aucun gestionnaire de patrimoine qu'il n'ait quelque chose à vendre. Il vend les produits qu'il aura « soigneusement » sélectionnés.

(On l'a vu avec l'affaire Madoff, les produits étaient « soigneusement » sélectionnés et pas mal de fonds d'investissement à l'époque, ont également fait du Madoff...)

(Plus récemment, on l'a encore vu avec cette fameuse société de lettres et manuscrits anciens, produits remarquablement « sélectionnés » avec le résultat que l'on connaît : mise en procédure et liquidation de ladite société)

Ils ont tous quelque chose à vendre, car s'il n'y a pas de vente, il n'y a pas d'argent. Même ceux qui prétendent ne rien vendre, vendent leurs conseils. Mais on sait bien que le conseiller n'est pas le payeur ! Ils vendent leurs conseils d'achat en bourse alors qu'elle est au plus haut... Et vice et versa quand elle est au plus bas... Ils vendent des montages alambiqués, mêlant un placement sans argent financé par un crédit, un bien immobilier financé par un autre crédit, cette fois en In Fine, et puis cerise sur le gâteau, un placement « sécurisé » qui se prend de plein fouet les effets de la crise quand les marchés dégorgent...

Tout le monde a quelque chose à vendre, dans cette profession. Et si ce n'est pas vous, ce sera votre confrère et néanmoins concurrent. Alors, autant que ce soit vous, non ?!...

Donc, vous allez pouvoir préparer à vos clients, un montage tiptop, reposant uniquement sur leurs capacités réelles à effectuer une opération plutôt qu'une autre. Et là, ils vont être épatés !

Pour autant, pas question de leur présenter tout de suite le dossier. Vous sortez une feuille de papier et de quoi écrire.

« ... Bon... Madame DUPONT... Monsieur DUPONT... selon vous... aujourd'hui... quel est le placement... type bon père de famille... pour reprendre une expression bien connue... et qui... sur une période longue... se revalorise... pour constituer en fin de parcours... un bon capital... facilement négociable... et dont tout le monde rêve de posséder ? »

Vous les regardez alternativement dans l'attente de leur réponse. La réponse est très facile et ils se doutent bien qu'il s'agit de la pierre.

S'ils ne répondent pas, c'est peut-être parce qu'ils n'osent pas... c'est peut-être parce qu'ils ne sont pas tout à fait sûrs... c'est peut-être leur truc à eux de ne pas répondre... c'est peut-être parce qu'ils pensent que vous leur tendez un piège... et bien tout simplement, vous répétez ce que vous venez tout juste de leur dire.

« ... Bon... Madame DUPONT... Monsieur DUPONT... selon vous... aujourd'hui... quel est le placement... type bon père de famille... pour reprendre une expression... bien connue... et qui... sur une période longue... se revalorise... pour constituer en fin de parcours... un bon capital... facilement négociable... et que bien sûr... tout le monde rêve de posséder ? »

Et là, ils vont automatiquement répondre, et pratiquement en même temps :

« *La pierre !* »

Avec un sourire jusque-là... Voilà une bonne chose de dite. Ils sont en accord.

« *... Tout à fait !... La pierre !... L'idéal serait d'avoir un bien immobilier... qui vous rapporte un revenu...* »

Sur votre papier, vous avez tracé une ligne horizontale et une ligne verticale. A gauche de la ligne verticale et au-dessus de celle horizontale, vous indiquez le signe + (*plus*) et de l'autre côté, à droite, vous indiquez le signe - (*moins*) A gauche, vous inscrivez un revenu arrondi, celui que vous avez retenu pour votre dossier.

« *... simplement... ce bien... il faudra le payer... il faut compter environ...* »

A droite, vous inscrivez le montant arrondi.

« *... maintenant... cette opération... va vous permettre d'économiser... environ... x économies d'impôts par mois...* »

Vous inscrivez sur la colonne de gauche, le montant correspondant à l'économie mensuelle d'impôt que vous avez calculé.

« *... et vous observez qu'il y a un écart négatif de x par mois...* »

Vous guettez leurs réactions.

« *... en gros... pour x euros par mois... vous avez un patrimoine de X milliers d'euros... ce patrimoine se revalorisera avec le temps... en cas de décès... incapacité... l'assurance mise en place... va solder le financement... vous aurez donc... un patrimoine de X milliers d'euros... qui va vous rapporter x....*

par mois... à la fin de l'opération... si vous choisissez de la conserver... vous aurez x…. euros de revenus complémentaires par mois... »

Vous guettez à nouveau leurs réactions.

« *… en d'autres termes... au lieu de verser l'argent de vos impôts... au Trésor Public... comme vous le faites actuellement... vous consacrez le même montant... que vous auriez de toute façon... donné à fonds perdu... pour développer votre patrimoine... augmenter votre sécurité... et celle de votre famille... préparer votre retraite... tout ça... avec l'argent de vos impôts... est-ce que je réponds à vos attentes ?* »

A ce stade, vous n'allez pas échapper à un flot de questions du genre :

« *Oui mais qu'est-ce que c'est ?* »

« *C'est quoi ce bien ?* »

« *Tout ça c'est un peu vague...* »

« *En fait, il s'agit d'investir dans de l'immobilier...* »

« *Comment être sûr que nous allons réaliser l'économie d'impôts ?* »

« *Et si nous avons un contrôle fiscal ?* »

Vous les laisser s'exprimer et poser leurs questions. Ne cherchez pas y répondre, c'est un temps de parole qui leur est réservé. Les questions n'ont pas vraiment d'importance. Ce qui est important, c'est leur désir de monter ou non l'opération. **Pour cela, il va falloir leur apporter des garanties.**

*

* *

18 - LA FIN DU RENDEZ-VOUS

« ... Madame DUPONT... Monsieur DUPONT... supposons... que je vous apporte les preuves... et les garanties... de tout ce que je viens de vous décrire... supposons que je vous apporte... non seulement... les preuves... mais aussi... les garanties... dans ce cas... et dans ce cas seulement... êtes-vous prêts à monter cette opération ... »

Souvent, vous n'aurez pas de réponse. En fait, ils sont tenaillés entre le désir de faire et de ne pas faire. **Alors, vous répétez exactement ce que vous venez de dire**. Mais d'une manière un peu plus ferme. Plus incisive. Mais pas trop.

« ... Madame DUPONT... Monsieur DUPONT... supposons... que je vous apporte les preuves... et les garanties... de tout ce que je viens de vous décrire... supposons que je vous apporte... non seulement... les preuves... mais aussi... les garanties... dans ce cas... et dans ce cas seulement... êtes-vous prêts à monter cette opération ... »

En règle générale, ils vous répondront par l'affirmative mais avec les réserves de rigueur.

« Oui mais on voudrait d'abord la vérifier... »

« A condition qu'on puisse l'étudier, pourquoi pas... »

« Faut voir... parce qu'on ne s'engage pas comme ça... à la légère... »

Il ne faut surtout pas les brusquer. Votre objectif est de monter le dossier. ***Car vous savez parfaitement que s'il ne l'est pas aujourd'hui, il ne le sera pas davantage demain.*** Alors, vous allez chercher à les rassurer un maximum.

« ... Madame DUPONT... Monsieur DUPONT... Vous avez parfaitement raison... et si j'étais à votre place... je réagirais sans doute... comme vous... j'ai bien compris... que cette opération... vous intéresse... mais que... pour autant... vous souhaitez pouvoir... la vérifier... la contrôler... et la valider... c'est bien ça ? »

Vous les rassurez pleinement et vous cherchez à obtenir leur assentiment. Et ils vont vous répondre par l'affirmative.

« ... Bien... Madame DUPONT... Monsieur DUPONT... supposons... que je vous apporte les preuves... les garanties... et que je vous donne... le temps... de tout vérifier... et si à l'issue... de vos vérifications... vous avez la certitude... que cette opération vous convient... et répond parfaitement ...à vos attentes... dans ce cas... et dans ce cas seulement... vous la réaliseriez... c'est bien ça ? »

Ainsi formulé, vous levez définitivement leur angoisse, et c'est tout naturellement qu'ils vont vous répondre.

« *Bien sûr !... si tout est vrai et confirmé, il n'y a aucune raison pour que nous ne le fassions pas...* »

Vous sortez alors de votre mallette, deux dossiers.

Vous leur présentez le premier, avec tous les documents et les simulations complètes, réalisées à l'aide de votre logiciel. Pour ce dossier, vous avez choisi un bien lambda, dans une ville lambda, bref... rien de bien extraordinaire et de franchement excitant.

« Tout ça pour ça... » (*doivent-ils se dire*)

Puis vous sortez le second dossier. Avec tous les documents et les simulations. Cette fois-ci, vous avez retenu un appartement dans une belle résidence et dans une ville sympa et en bord de mer.

Comme de par hasard, des garanties locatives sont également prévues au programme : impayés de loyers, carence locative, vacance locative, dégradations, mise en place du premier locataire et même aide au déménagement en cas d'impayés pour aider le locataire indélicat à partir au plus vite !

Forcément, ils vont consulter les deux dossiers pour se focaliser sur le second. Déjà, ils se voient plus tard, profitant de leur retraite à siroter un cocktail en bord de mer.

Notez que cette stratégie de leur présenter deux dossiers est très importante.

Il faut qu'ils aient cette impression que ce sont eux qui décident, alors qu'en fait, vous décidez pour eux. Vous avez mis en place une stratégie et en présentant deux produits, un bon et un mauvais, il ne fait aucun doute qu'ils opteront pour le bon. Cette technique est très connue et marche à tous les coups. **C'est la fameuse technique du « choix sans le choix. »**

Supposons que vous ne leur présentiez qu'un seul produit et un mauvais produit de surcroît. Quelle sera leur réaction ? Non seulement ils ne seront sûrement pas enthousiasmés, c'est le moins que l'on puisse dire, mais surtout, ils ne feront absolument rien.

Supposons, à contrario, que vous ne leur présentiez toujours qu'un seul produit, mais un bon produit, cette fois-ci ? Quelle sera leur réaction ? C'est sûr qu'ils seront beaucoup plus enthousiastes, mais de là à dire qu'ils feront quelque chose, là maintenant, pendant que vous le leur proposez, ça n'est pas forcément gagné.

La technique « du choix sans le choix » consiste à provoquer une situation d'urgence.

C'est donc le moment de mettre de la pression.

« … vous devez vous douter... Madame DUPONT... Monsieur DUPONT... qu'il s'agit d'un produit rare... très recherché... et qui ne court pas les rues... j'ai juste réussi à obtenir... une option sur celui-ci... mais tout simplement... elle n'est valable que jusqu'à demain matin... alors... ce que nous allons faire... pour ne pas qu'il vous échappe... c'est de remplir... dès à présent... le dossier de réservation... comme ça... personne ne pourra vous le prendre ! »

A partir de là, vous avez une chance sur deux de monter le dossier de réservation. En général, ils vont hésiter et c'est tout à fait normal. Mais quand même, ils sont intéressés, ce qui est également normal.

« Oui... mais en le montant maintenant... ça veut dire que nous sommes engagés... et qu'on ne peut plus revenir en arrière... »

Vous l'avez compris, il ne s'agit pas d'un refus. En fait, ils cherchent à se rassurer.

« Madame DUPONT... Monsieur DUPONT.... je tiens à vous rassurer... d'une part…. vous disposez... d'un délai de quinze jours... pour tout annuler... quinze jours... sans aucun motif... sans aucune explication... sans aucun justificatif à fournir... d'autre part…. si je n'obtiens pas... l'accord... de mes partenaires... que ce soit la banque... ou l'assurance... votre dossier serait alors... impossible à monter... et dans ce cas... c'est moi-même... qui l'annulerait... vous comprenez ? nous allons donc... monter le dossier... pour qu'au moins... cette opération... ne vous échappe pas... je vous laisse bien sûr... un double... de tout ce que vous aurez signé... et ainsi... vous aurez tout le temps... de vérifier... ça vous convient ?... »

Vous terminez par une question fermée. Vous n'attendez pas qu'ils vous répondent, oui... non... ça va trop vite... on ne sait pas... et vous sortez directement les documents à compléter et à signer. Vous n'attendez surtout pas qu'ils vous disent quoi que ce soit. Parce qu'ils sont « chaud-bouillant » et c'est comme un soufflé, il faut passer très vite à table !

Vous commencez toujours par le plan de masse. C'est impératif ! Sur le plan de masse, il n'y a rien à lire (*ou si peu*) et uniquement les signatures à apposer. Ce n'est pas donc pas compliqué.

Puis vous passez au plan du lot concerné. Pareil que pour le plan de masse, il n'y a rien à lire mais uniquement à signer.

Puis vous faites signer le plan des parkings sous-sols. Toujours pareil, rien à lire.

Remarquez que vous venez de leur faire signer trois fois de suite. Sans même qu'ils ne se soient posés la moindre question.

Car à présent, nous sommes en plein dans la technique des « trois oui ».

C'est une constante, en matière de relations humaines, lorsque vous obtenez de votre interlocuteur « trois oui » consécutifs, il est extrêmement rare qu'après, il vous dise non.

Ça vaut également en matière de signatures. Pour trois signatures consécutives recueillies, il y a peu de chance que vous n'obteniez pas les suivantes !

A présent, vous allez passer au contrat de réservation en VEFA, c'est à dire vente en l'état futur d'achèvement. Car le bien que vous leur présentez n'est pas encore construit. Ils vont bénéficier d'une économie d'impôts à condition d'investir dans un logement neuf destiné à la location.

Le contrat VEFA est souvent sur plusieurs pages. Paraphes pour les premières pages et signatures avec date et mentions appropriées sur la dernière.

Et enfin, vous passez au descriptif sommaire. Paraphes à chaque page et signatures sur la dernière. Là, il y a un peu de lecture. Et comme vous êtes censé connaître ce que vous vendez, vous leur faites une synthèse de ce descriptif en mettant en valeur ce qui doit l'être.

Puis vous contrôlez soigneusement si tout est bien complété (*notamment les paraphes et les signatures*) et vous mettez le dossier de réservation de côté et bien en vue.

Car ce n'est pas fini.

Nous avons dit précédemment, que la PHASE DEUX est beaucoup plus technique que la PHASE UNE, la preuve en est, c'est qu'il faut s'occuper à présent, de la partie financement. Vous allez sortir deux dossiers de financement émanant de deux banques différentes.

Pourquoi deux banques et non pas une seule ? Pour plusieurs raisons.

D'une part, en cas de refus de l'une, il vous reste l'autre.

D'autre part, l'une peut être beaucoup plus rapide à réagir que l'autre, ce qui est très important dans votre action commerciale.

Enfin, cerise sur le gâteau, vous allez expliquer à vos clients que vous les mettez en concurrence, afin d'obtenir pour eux le meilleur taux qui soit.

Ils seront très sensibles à cet argument.

Et comme vous êtes un vrai professionnel, vous disposez de tous les documents bancaires relatifs au montage et vous les faites compléter et signer.

Pareil pour le questionnaire d'assurance, que vous faites également compléter et signer, en prenant les précautions d'usage en cas de maladie ancienne ou d'opération chirurgicale antérieure.

Voilà. Le dossier est enfin complet.

Votre rendez-vous de PHASE DEUX aura probablement duré trois heures et même peut-être plus, voire beaucoup plus !... Tout est bien classé et il n'y a plus qu'à.

*

* *

19 - AVANT DE PRENDRE CONGE

Tout est bien classé, vous avez les trois exemplaires originaux du dossier, plus une copie destinée à vos clients. Sachez qu'un client, quel qu'il soit, est toujours délicat à conquérir. Que vous l'ayez pêché dans le dur, suite au phoning, ou qu'il vous ait été chaudement recommandé, il va falloir le soigner. Et pour cela, il faudra bien le satisfaire.

D'une manière générale, votre rendez-vous achevé, ne quittez surtout pas vos clients comme ça, à la va vite. Sinon, c'est l'annulation à tous les coups.

Comprenez bien qu'ils ont monté un dossier de réservation et qu'ils viennent de s'engager sur plusieurs dizaines de milliers d'euros. Cent mille... deux cent mille... trois cent mille... et peut-être plus encore ! Alors, ils auront mille et une bonne raisons pour annuler ce que vous avez patiemment bâti.

A cet égard, certains vont même jusqu'à prétendre, que la véritable vente, commence par l'annulation. Car sans annulation, ce ne serait pas drôle, pour ne pas dire jouissif. Et c'est vrai que traiter une annulation est très spécial, car le principe même du traitement de l'annulation, est d'annuler l'annulation ! Et je peux vous assurer qu'on y arrive ! Mais tant qu'à faire, autant l'éviter, n'est-ce pas ?... Et pour cela, je vais vous montrer deux techniques à suivre absolument.

1 – Tout d'abord, faire de la prévention

« ... Madame DUPONT... Monsieur DUPONT... vous venez de remplir... un dossier de réservation... concernant cette opération... dont le but... est de développer du patrimoine... d'augmenter votre sécurité... et celle de votre famille... de préparer votre retraite... en utilisant l'argent de vos impôts... je

vous remercie pour votre confiance... je ferai tout ce qui est en mon pouvoir... pour la mériter... pour le moment... je pense... que tout est parfaitement clair pour vous... mais demain ?... Qu'en sera-t-il demain ?... Parce que demain... je ne serai pas là... et demain... je vais vous dire... ce qu'il va vous arriver... vous allez faire... une grosse crise d'angoisse... parce que tout d'un coup... vous aurez réalisé... que tout est allé trop vite... et vous aurez peut-être même l'envie... de tout annuler... vous me suivez ? »

Bien sûr qu'ils vous suivent. Vous ne leur laissez pas le temps de prendre la parole. D'ailleurs, ils ne savent pas quoi dire.

« ... Madame DUPONT... Monsieur DUPONT... si demain... vous me faites... cette crise d'angoisse... et bien rassurez-vous... c'est pour tout le monde pareil !... Dans ce cas... vous prenez... un cachet d'aspirine... et vous laissez passer quelques heures... et vous verrez... vous n'y penserez même plus... et si le malaise persiste... alors... vous me contactez personnellement... mais surtout... surtout... Madame DUPONT... Monsieur DUPONT... n'annulez pas... n'annulez pas... parce que dans ce cas... je ne pourrai plus rien pour vous... et vous n'aurez plus la moindre chance... de vous lancer... dans ce genre d'opération... vous me suivez ? »

En provoquant l'annulation, vous les prenez en quelque sorte à contre-pied. Il y a des mots qu'un vendeur ose à peine prononcer. Et vous leur envoyez ce mot en pleine figure, avec une telle maîtrise, qu'ils en sont impressionnés. Vous n'avez pas peur d'en parler. Vous dédramatisez.

2 - Ensuite, faire le coup de maître

Avant de partir, vous allez faire un ultime test, afin de vérifier leur motivation.

« … Bon... Madame DUPONT... Monsieur DUPONT... alors... qu'est-ce que je fais de votre dossier ? »

« … Comment cela ? »

« … Est-ce que je le mets directement à la poubelle ?... Ou est-ce que je le garde ? »

Jamais un vendeur n'oserait faire une telle proposition.

Vous les poussez jusque dans leur ultime retranchement.

Vous leur offrez la possibilité de tout arrêter.

Et étonnamment, la réponse sera toujours la même.

« … ah non !... Pas à la poubelle !... Surtout pas ! »

A partir de là, vous avez la quasi-certitude qu'il ne sera pas annulé, ni demain et ni les jours à venir.

*
* *

QUATRIEME PARTIE

ATTITUDE ET PSYCHOLOGIE

20 – UN POINT ESSENTIEL

Vous vous en êtes certainement rendu compte, au travers des déroulements des rendez-vous, que ce soit en PHASE UNE ou en PHASE DEUX, l'attitude et la psychologie vont jouer un rôle déterminant.

Vous l'avez compris, vous n'êtes pas un vendeur lambda. Vous ne vendez pas de biens matériels concrets, comme des téléphones, des voitures ou des balais-brosses.

Bien au contraire, vous vous situez sur un terrain abstrait, puisque vous n'hésitez pas à faire vos démonstrations à l'aide d'une feuille de papier et d'un stylo.

En fait, vous prenez votre interlocuteur à contre-pied, dans la mesure où il n'est pas habitué à ce genre de chose, et d'une certaine manière, vous le déstabilisez.

D'emblée, vous allez progressivement prendre le pouvoir.

Par votre poignée de main franche, par votre regard droit dans les yeux, par votre manière de vous exprimer et par votre attitude.

Par exemple, au cours d'un rendez-vous classique, il est habituel d'être placé l'un en face de l'autre. Cette situation, pour autant qu'elle soit classique et tellement habituelle, est d'une certaine manière, une situation de confrontation. Confrontation face à face. Chacun campe sur ses positions et chacun va cultiver sa méfiance.

Alors d'emblée, évitez cette situation potentiellement conflictuelle, et placez-vous dès le début de votre entretien, en position côte à côte. Ou entre Madame et Monsieur si vous êtes trois. Cette position, pour anachronique qu'elle puisse paraître, aura pourtant un caractère rassurant, en provoquant une certaine complicité qui va se confirmer au fur et à mesure de l'entretien.

Car souvenez-vous. A l'école, quand vous aviez un petit souci de compréhension, la maîtresse venait toujours s'asseoir à vos côtés, pour vous fournir l'explication. Elle ne se tenait jamais en face. Par contre, pour la punition, ça oui, elle était face à vous pour paraître encore plus menaçante et plus déterminée.

Et bien dans la vie, c'est exactement la même chose : au plus on est proche des gens, au mieux on pourra communiquer.

Ce pouvoir, vous le renforcez de par votre discours, où chaque mot est soigneusement pesé, ou chaque terme à son importance, où le gestuel, sobre mais efficace, prend toute son importance.

Cette attitude, cette façon de faire, va s'améliorer au fil des rendez-vous effectués, tant pour la PHASE UNE que pour la PHASE DEUX.

Raison supplémentaire de bien les apprendre par cœur.

Une fois que vous serez parfaitement rôdé, vous pourrez proposer des montages plus élaborés, plus complexes suivant le profil de vos clients. Car entre une simple opération montée dans le cadre de la loi Pinel avec pour support immobilier un deux pièces à cent cinquante mille euros et un montage en loueur en meublé professionnel, il va falloir prendre un peu de bouteille...

La première année sera en quelque sorte, une période de rodage.

La seconde sera celle de la confirmation de votre savoir-faire.

La troisième sera celle de votre maîtrise.

A la suite de quoi, grâce à votre expérience et à votre professionnalisme, il vous sera possible de passer à la vitesse supérieure.

Celle qui vous permettra de donner une nouvelle orientation à votre activité.

Mais de cela, nous en parlerons plus tard...

*

* *

21 - AVEC LE TEMPS

Ce n'est un secret pour personne, le métier de conseil en gestion de patrimoine indépendant (*CGPI*) est avant tout un métier de contacts. C'est par le nombre de contacts, de rendez-vous, que vous allez vous forger une expérience. **Votre expérience.**

Mais pour cela, il faut bien commencer, et pour commencer, il faut bien s'inspirer d'une méthode. Celle que nous venons de voir a fait ses preuves. C'est cette méthode qui m'a permis de réussir dans ce métier et qui m'a permis de monter des dossiers supérieurs à un million d'euros.

Sauf que pour la maîtriser, il faut la connaître sur le bout des doigts.

A condition de parfaitement la connaître, de bien marquer les temps de silence, de bien placer son gestuel, de bien réfléchir à tout ce que vous allez dire mais sans donner l'impression d'y réfléchir, de ne pas jouer au vendeur ou au marchand de soupe, et d'être constamment dans la psychologie de votre interlocuteur, le tout sous parfait contrôle.

N'oubliez surtout pas que dans ce métier, la difficulté c'est toujours le démarrage. Comme dans beaucoup d'autres activités.

Et à moins d'avoir un carnet d'adresses particulièrement bien rempli, ou à avoir une famille avec des cousins un peu partout, en veux-tu en voilà, vous allez démarrer comme tous ceux qui ont réussi dans ce business, avec rien au départ.

Ce sont les échecs qui vous feront grandir.

Les réussites immédiates (*le papa qui pour faire plaisir accepte de faire un placement pour permettre à son fils de démarrer... le bon pote qui se laisse amadouer pour que son copain ne soit pas trop à la ramasse... le grand-père de quatre-vingt-dix piges à qui vous fourguez un contrat en assurance vie...)* ne durent jamais.

Avec le temps et l'expérience, vous saurez mieux de quoi vous parlez. Vous saurez mieux où se situe l'intérêt de vos clients et par-delà leur intérêt, le vôtre. **Mais attention, gardez toujours à l'esprit que l'intérêt de vos clients prime**.

Mieux vaut, et de très loin, avoir moins de commissions et proposer des produits reposant sur des fondamentaux solides, plutôt que de se lancer dans des paris audacieux, quand bien même les rentabilités associées seraient de nature à emporter la décision du plus sceptique parmi les sceptiques.

Car ce métier, il faut le voir sur le long terme.

Autant il vous faudra ramer la première année, autant vous ramerez moins la seconde, et encore moins la troisième.

Le but pour vous, est d'arriver à tisser un bon relationnel, de manière à travailler le plus possible, par recommandations.

L'objectif est de faire en sorte de réduire le phoning le plus vite possible, de manière à ce qu'il ne dure pas plus d'un an. Parce que c'est rébarbatif, répétitif, frustrant et usant.

Par contre, ne négligez pas la prospection terrain. Celle-ci est beaucoup plus ludique et réserve parfois bien des surprises !

Enfin, et pour chaque dossier monté, gardez le contact avec vos clients.

Qu'il s'agisse d'immobilier, de placements, d'actions ou d'autres produits, peu importe, il faut constamment garder le contact avec vos clients.

Que ce soit par un coup de fil, un mail, un courrier... vous aurez toujours l'opportunité de les contacter au moins une fois par mois.

Si vous ne le faites pas, que va-t-il se passer ? Est-ce que vous pensez qu'il va vous rappeler pour vous dire que tout se passe bien et qu'il est content ?

Quand tout se passe bien, c'est bien connu, il ne se passe rien. Et dans l'esprit de votre client, si tout se passe bien, c'est normal, car justement, tout doit bien se passer.

Par contre, je n'vous dis pas quand tout va mal... Parce que là, il ne vous ratera pas !

Alors maintenez le contact, et essayez d'obtenir des recommandations.

Autant il ne vous recommandera personne le jour où le dossier aura été monté et ni les jours suivants, autant, si vous maintenez le contact, s'il voit que vous êtes toujours là et pas quelque part dans la nature, s'il se rend compte que vous êtes sérieux, il acceptera de vous donner quelques noms de personnes à contacter de sa part.

Et là, je ne vous dis pas, vous rentrez dans une autre dimension.

En travaillant d'arrache-pied, avec méthodologie, rigueur, professionnalisme, sans compter vos heures, car s'il est bien un métier où l'on ne compte pas ses heures, c'est bien celui-ci, vous serez en trois ans, au top de votre activité.

Alors, je pourrai vous communiquer deux-trois trucs (*quand je dis trucs, c'est façon de parler, vous m'avez compris*) susceptibles de booster vos revenus et de travailler complètement différemment.

Mais ça... Ce sera l'objet d'une autre formation...

ANNEXES

A - LA TRAME PHONING

« Allo bonjour... Henri DUBOIS à l'appareil... J'aurai aimé parler à Monsieur ou Madame UNTEL. »

« *C'est à quel sujet ?* »

« C'est personnel... »

« Je me permets de vous contacter car je suis en train de monter sur la région... un projet de partenariat... avec d'autres personnes... ayant la même activité que la vôtre... Comme toutes les autres qui y participent... cela pourrait fortement vous intéresser... Est-ce que je peux vous rencontrer mardi 18 à 10 heures à moins que vous ne préfériez jeudi 20 à 14 heures ? »

« *Euh... je n'ai pas très bien compris... Pourriez-vous répéter ?* »

« *Dites-m'en plus ! C'est quoi ce projet de partenariat ?* »

« *C'est quoi votre truc ?* »

« *Ça consiste en quoi ?...*

« *C'est pourquoi faire ?* »

« *C'est qui ces personnes ?* »

« Et bien c'est un partenariat qui génère des rapports... gagnant / gagnant... et qui concernent... toutes les personnes... ayant un parcours professionnel... se rapprochant du vôtre... Préférez-vous mardi 18 à 10 heures ou bien plutôt jeudi 20 à 14 heures ? »

« OK. J'ai bien compris que mardi 18 à 10 heures peut convenir... Pour autant... et pour que ce partenariat... puisse réellement vous intéresser... il y a trois condition à valider... D'une part, avez plus de trois ans d'activité ? *(Notez la réponse* sur votre feuille). D'autre part, avez-vous encore dix années de vie professionnelle à effectuer ?... *(Notez également la réponse sur votre feuille).* Et enfin, est-ce que vous payez plus de trois mille euros d'impôt sur le revenu ?... *(Notez la réponse)* »

« Votre truc de partenariat, c'est trop vague... »

« Moi les partenariats, ça ne m'intéresse pas ! »

« Ouais... gagnant / gagnant... gagnant pour vous oui ! »

« De toutes façons, moi à ces trucs-là, jamais je ne gagne ! »

« Vous êtes trop dans le vague... je n'ai pas de temps à perdre ! »

« Monsieur... je comprends parfaitement votre réaction... et à votre place je réagirais pareil. D'ailleurs... toutes les personnes... qui font aujourd'hui partie... de ce partenariat... qui crée... je vous le rappelle... des rapports gagnant / gagnant... ont toutes réagi comme vous. C'est vous dire ! Alors préférez-vous mardi 18 à 10 heures ou jeudi 20 à 14 heures ?... Prévoyez un quart d'heure. »

*
* *

B - LA TRAME PHASE UNE

« Vous savez pourquoi je suis là ? »

« *Euh non... pas vraiment... mais vous allez me le dire, je suppose...* »

« Mon métier... Monsieur DUPONT... consiste à monter un partenariat... qui créé des rapports gagnants-gagnants... et justement... ce type de partenariat... va directement vous concerner... »

« *Ah !* »

« *Si vous le dites...* »

« *Je suis curieux de savoir ce que s'est...* »

« ... Le but de ce partenariat... Monsieur DUPONT... est d'augmenter... votre sécurité... la vôtre... et celle de votre famille... de développer votre patrimoine... de vous générer des revenus complémentaires... d'améliorer votre retraite... et tout ça... Monsieur DUPONT... tout ça... en utilisant l'argent de vos impôts... en partie ou en totalité... »

« *Je ne comprends pas bien...* »

« *C'est de l'assurance vie votre truc ?* »

« *J'ai déjà tout prévu pour ma retraite !* »

« *Ça ne m'intéresse pas !* »

« ... Le but de ce partenariat... Monsieur DUPONT... est d'augmenter... votre sécurité... la vôtre... et celle de votre famille... de développer votre patrimoine... de vous générer des revenus complémentaires... d'améliorer votre retraite... et tout ça... Monsieur DUPONT... tout ça... en utilisant l'argent de vos impôts... en partie ou en totalité... »

« Toutes les personnes que je rencontre... Monsieur DUPONT... aimeraient pouvoir en faire partie... mais malheureusement... toutes ne sont pas éligibles... car encore... faut-il... que leur profil s'y prête... est-ce que c'est également votre cas ? »

« Oui mais... tout ça c'est bien vague... »

« Ben… je n'en sais rien... c'est à vous de me le dire... »

« Je ne comprends toujours pas l'objet de votre démarche... »

« … Le but de ce partenariat... Monsieur DUPONT... est d'augmenter... votre sécurité... la vôtre... et celle de votre famille... de développer votre patrimoine... de vous générer des revenus complémentaires... d'améliorer votre retraite... et tout ça... Monsieur DUPONT... tout ça... en utilisant l'argent de vos impôts... en partie ou en totalité... Toutes les personnes que je rencontre... Monsieur DUPONT... aimeraient pouvoir en faire partie... mais malheureusement... toutes ne sont pas éligibles... car encore faut-il que leur profil s'y prête... et c'est justement tout l'objet de mes questions. »

« Bon... Monsieur DUPONT... je vous remercie d'avoir bien voulu répondre... à toutes mes questions... je comprends... votre surprise... car après tout... nous ne nous connaissons pas... et de vous à moi... Monsieur DUPONT... il est fort probable... que j'aurai réagi pareil... »

« … Ceci étant... Monsieur DUPONT... je peux vous assurer... que toutes... les personnes... rencontrées... ont eu exactement... la même réaction que vous... et je peux vous assurer... Monsieur DUPONT... qu'elles sont toutes... devenues... mes partenaires... à condition que cela soit possible... »

« Aujourd'hui... Monsieur DUPONT... vous tirez vos revenus... du fruit de votre travail... mais si demain... Monsieur DUPONT... vous ne pouviez plus travailler... parce que vous n'aurez plus d'emploi... parce que vous seriez dans l'incapacité de travailler... à cause d'une longue maladie... à cause d"une invalidité... que se passerait-il ? »

« Aujourd'hui... Monsieur DUPONT... vous tirez vos revenus... du fruit de votre travail... mais si demain... Monsieur DUPONT... vous ne pouviez plus travailler... parce que vous n'aurez plus d'emploi... parce que vous seriez dans l'incapacité de travailler... à cause d'une longue maladie... à cause d'une invalidité... que se passerait-il ?... et bien tout simplement... vous n'aurez plus de revenus... Bien sûr Monsieur DUPONT... il y aurait le chômage... mais croyez-vous que l'assurance chômage peut vous garantir votre train de vie ?... Bien sûr... vous avez l'assurance maladie... mais entre nous... Monsieur DUPONT... avez-vous jamais vu une assurance maladie garantir l'intégralité de vos revenus pendant toute une vie ? »

« A supposer... Monsieur DUPONT... que vous alliez jusqu'au bout... de votre parcours professionnel... combien toucherez-vous à la retraite ?... Nous savons tous... que nos retraites... sont en peau de chagrin... et plus le temps passe... et plus elles seront réduites... la retraite est un sujet brûlant... de grande actualité... et quoique puissent dire... ou faire... nos politiques... il faudra bien penser... à la préparer par vous-même... »

« Aujourd'hui... Monsieur DUPONT... le monde est divisé en deux... »

« ... Non... Pas en deux... mais en trois... le monde est divisé en trois... Monsieur DUPONT... »

« D'un côté... Monsieur DUPONT... vous avez le monde du capital... ce monde comprend des gens qui ne travaillent pas... et qui bénéficient de leurs rentes... pour vivre... ils possèdent de nombreux biens... ils ont un train de vie je ne vous en parle même pas... et surtout... surtout... Monsieur DUPONT... ils ne payent pas... ou pratiquement pas d'impôts... parce qu'ils sont informés... parce qu'ils ont des conseils... parce qu'ils profitent... de ce que les lois... leur permettent de faire... c'est ça le monde capitaliste... n'est-ce pas ?... »

« D'un autre côté... Monsieur DUPONT... il y a le monde des sans-papiers... et des assistés... vous savez... ceux qui viennent de partout... et de nulle part... ils arrivent sans rien... et ils profitent d'un système... où on leur donne tout... sans aucune contrepartie... de toutes manières... on ne peut rien leur prendre... puisqu'ils n'ont rien... mais quand même... la société... l'état... vous... moi... nous autres travailleurs... on va tout leur donner... ce qui est sûr... Monsieur DUPONT... c'est que ces gens... ne participent pas... à l'effort de contribution nationale... que nous réclame l'état... à nous autres travailleurs...et de ce fait... ils ne paient pas d'impôts... c'est ça le monde des assistés...»

« Et pour boucler la boucle... Monsieur DUPONT... vous avez le monde du travail... le monde du travail comprend des gens comme vous... comme moi... des gens qui tirent leur revenus... du fruit de leur travail... à ces revenus... il convient de déduire... tous les impôts et toutes taxes... que l'Etat nous ponctionne... les frais de logement... de nourriture... de santé... les assurances... les frais de scolarité... les déplacements... les vacances quand cela est possible... bref... une fois que l'on a tout payé... il ne reste plus rien... ou plus grand chose... vous me suivez Monsieur DUPONT ?... »

« Mon métier... Monsieur DUPONT... est de vous faire passer... du monde du travail... dans le monde du capital... simplement... en utilisant l'argent... de vos impôts... est-ce que cela-vous intéresse ? »

« Mon métier... Monsieur DUPONT... est de vous faire passer... du monde du travail... dans le monde du capital... simplement... en utilisant l'argent... de vos impôts... est-ce que cela-vous intéresse ? »

« Bien... Monsieur DUPONT... vous êtes intéressé et qui ne le serait pas !... C'est l'objet... justement... de notre prochain rendez-vous... supposons... Monsieur DUPONT...que lors de notre prochain rendez-vous... je sois capable... de vous monter... une opération financière... et de vous apporter... plus de patrimoine... de préparer... votre retraite... d'augmenter... votre sécurité... et celle de votre famille... en utilisant... pour cela... l'argent de vos impôts... si j'y arrive... Monsieur DUPONT... seriez-vous prêt... à la réaliser ? »

« Bien... Monsieur DUPONT... vous êtes intéressé et qui ne le serait pas !... C'est l'objet... justement... de notre prochain rendez-vous... supposons... Monsieur DUPONT... que lors de notre prochain rendez-vous... je sois capable... de vous monter... une opération financière... et de vous apporter... plus de patrimoine... de préparer... votre retraite... d'augmenter... votre sécurité... et celle de votre famille... en utilisant... pour cela... l'argent de vos impôts... si j'y arrive... Monsieur DUPONT... seriez-vous prêt... à la réaliser ?... Je tiens quand même à vous rassurer... votre épouse participera... à ce second rendez-vous... sa présence... est du reste... obligatoire... »

« Ici... Monsieur DUPONT... vous avez les entrées... d'un côté... des revenus... générés... par l'opération... mise en place... mais... vous avez également... toutes vos économies d'impôts... de l'autre... vous avez... des sorties... l'objectif... est d'arriver... au plus près... de l'équilibre... ce n'est pas... toujours... possible... et dans ce cas... il nous faudra... peut-être... prévoir un léger effort d'épargne... justement... Monsieur DUPONT... de combien d'épargne... Pourriez-vous disposer...

sans rien changer... je dis bien... sans rien changer... à votre train de vie ?... »

« Monsieur DUPONT... je vais donc travailler... sur votre dossier... de manière à tenir... mes engagements... à savoir... développer votre patrimoine... augmenter votre sécurité... et celle de votre famille... préparer votre retraite... utiliser l'argent de vos impôts... pour pouvoir intégrer tout ceci... dans le cadre... de votre opération... »

« Pour ce rendez-vous... je vous demande... de bien vouloir me préparer... les photocopies... de tous les documents suivants. »

« Alors... Monsieur DUPONT... photocopie... recto et verso... de votre carte d'identité... ainsi que celle de Madame... photocopie... de votre livret de famille... je précise... uniquement les pages annotées... photocopie... d'un justificatif de domicile... par exemple... facture EDF... photocopie... de vos deux derniers... avis d'imposition... photocopie complète.... Photocopie... de vos deux dernières déclarations de revenus.... Photocopies... de vos trois derniers relevés de compte bancaire... au cas où... vous n'en n'auriez qu'un seul... ou de tous vos comptes... si vous en avez plusieurs... »

« Monsieur DUPONT... n'essayez pas surtout pas... de lui répéter... tout ce que je viens de vous présenter... dites-lui simplement... que le but de cette opération... est de vous créer davantage de richesse... de patrimoine... de sécurité.... pour vous et votre famille... de préparer votre retraite... tout ça... avec l'argent de vos impôts... voilà ce qu'il faut lui dire Monsieur DUPONT... Est-ce que c'est bien clair ?...

C - LA TRAME PHASE DEUX

« Bien... Madame DUPONT... Monsieur DUPONT... avez-vous pensé... à me préparer... TOUS les documents ? »

« Bien... Madame DUPONT... Monsieur DUPONT... vous savez... pourquoi je suis là ? »

« Mon métier... comme vous le savez... consiste à augmenter... votre sécurité... la vôtre... celle de vos enfants... de votre famille... »

« ... vous savez... aussi bien que moi... qu'en cas de grave problème... de santé... voire d'incapacité partielle... ou totale... temporaire... ou à vie... vous n'aurez plus aucune sécurité... puisqu'à l'heure actuelle... elle est directement liée... aux revenus... des fruits de votre travail... Est-ce que vous me suivez ? »

« ... je vais également... préparer votre retraite... car... ce n'est un secret... pour personne... nous savons tous... qu'aujourd'hui... on ne pourra plus compter... sur la retraite... par répartition... c'était valable... avant... à l'époque... où il y avait... quatre actifs... pour un retraité... aujourd'hui... nous avons un actif... pour un retraité... et demain ?... Avec l'accroissement... du chômage... la crise économique... qui perdure... les mutations sociétales... les gens qui arrivent... de toutes parts... du monde entier... demain... que va-t-il se passer demain ? »

« ... demain... si vous n'avez pas... vous-même... préparé votre retraite... et bien... vous n'aurez rien... car la vie... est de plus en plus chère... et pour maintenir... un niveau de vie... satisfaisant... pouvoir profiter... de ce que la vie... peut vous offrir... voyager... s'offrir de bons restaurants... gâter ses petits enfants... tout ça quoi... et bien... Madame DUPONT...

Monsieur DUPONT... il faut absolument... que vous la prépariez... dès maintenant... il n'y a plus de temps à perdre... »

« ... pour augmenter... votre sécurité... pour préparer... votre retraite... il est absolument indispensable... de développer votre patrimoine... aujourd'hui... ceux qui sont à l'abri... du besoin... qui n'ont aucun problème... de retraite... qui n'ont aucun problème particulier... de sécurité... découlant de la santé... et bien... ceux-là... Madame DUPONT... Monsieur DUPONT... ceux-là... possèdent du patrimoine... beaucoup de patrimoine... parfois... »

« ... et bien... justement... mon métier... consiste également... à vous permettre... de développer plus de patrimoine... pour vous permettre... de devenir... comme ces gens... qui n'ont pas peur de l'avenir... car le présent... parle déjà pour eux... »

« Donc... le but de cette opération... est d'augmenter votre sécurité... votre retraite... et votre patrimoine... est-ce que vous comprenez ? »

« Bien... le petit problème... c'est que vos revenus... sont issus... du fruit de votre travail... et que lorsque vous avez payé... vos remboursements de crédits... vos frais liés à la vie de tous les jours... la nourriture... la scolarité... la santé... les sports... la culture... les divertissements... les sorties... le budget vacances... quand il en reste un... les imprévus... et oui les imprévus... toujours là quand il ne faut pas les imprévus... sans compter l'argent de vos impôts... impôt sur le revenu... taxe foncière... taxe d'habitation... toutes ces taxes... qui nous empoisonnent la vie...»

« ... et bien... quand vous avez tout payé... rubis sur l'ongle... je peux vous dire... Madame DUPONT... Monsieur DUPONT... qu'il ne vous reste pratiquement rien... n'est-ce pas ? »

« … et bien… pour augmenter votre sécurité… pour préparer votre retraite… pour développer du patrimoine… tout ça… je vais le faire avec l'argent de vos impôts… en d'autres termes… au lieu de verser… au Trésor Public… l'argent… que vous devez… obligatoirement… verser… au titre de votre impôt sur le revenu… vous consacrerez… cette même somme… non pas dans l'intérêt général… mais dans votre intérêt particulier… c'est quand même mieux, n'est-ce pas ? »

« Oui… ça semble alléchant… »

« C'est très beau tout ça… mais comment faites-vous ? »

« Vous êtes un magicien ? »

« Mais… c'est légal votre truc ? »

« … Bon… Madame DUPONT… Monsieur DUPONT… selon vous… aujourd'hui… quel est le placement… type bon père de famille… pour reprendre une expression… bien connue… et qui… sur une période longue… se revalorise… pour constituer en fin de parcours… un bon capital… facilement négociable… et que bien sûr… tout le monde rêve d'avoir ? »

« … Bon… Madame DUPONT… Monsieur DUPONT… selon vous… aujourd'hui… quel est le placement… type bon père de famille… pour reprendre une expression… bien connue… et qui… sur une période longue… se revalorise… pour constituer en fin de parcours… un bon capital… facilement négociable… et que bien sûr… tout le monde rêve d'avoir ? »

Ils vont automatiquement répondre, pratiquement en même temps :

« La pierre ! »

« … Tout à fait !… la pierre !… L'idéal serait d'avoir un bien immobilier… qui vous rapporte un revenu… »

« … simplement… ce bien… il faudra le payer… il faut compter environ… »

« … maintenant… cette opération… va vous permettre d'économiser… environ… x économies d'impôts par mois… »

« … et vous observez qu'il y a un écart négatif de x par mois… »

« … en gros… pour x euros par mois… vous avez un patrimoine de X milliers d'euros… ce patrimoine se revalorisera avec le temps… en cas de décès… incapacité… l'assurance mise en place… va solder le financement… vous aurez donc… un patrimoine de X milliers d'euros… qui va vous rapporter x…. par mois… à la fin de l'opération… si vous choisissez de la conserver… vous aurez x…. euros de revenus complémentaires par mois… »

« … en d'autres termes… au lieu de verser l'argent de vos impôts… au Trésor Public…comme vous le faites actuellement… vous consacrez le même montant… que vous auriez de toute façon… donné à fonds perdu… pour développer votre patrimoine… augmenter votre sécurité… et celle de votre famille… préparer votre retraite… tout ça… avec l'argent de vos impôts… est-ce que je réponds à vos attentes ? »

« *Oui mais qu'est-ce que c'est ?* »

« *C'est quoi ce bien ?* »

« *Tout ça c'est un peu vague…* »

« *En fait, il s'agit d'investir dans de l'immobilier…* »

« *Comment être sûr que nous allons réaliser l'économie d'impôts ?* »

« *Et si nous avons un contrôle fiscal ?* »

« … Madame DUPONT... Monsieur DUPONT... supposons... que je vous apporte les preuves... et les garanties... de tout ce que je viens de vous décrire... supposons que je vous apporte...non seulement... les preuves... mais aussi... les garanties... dans ce cas... et dans ce cas seulement... êtes-vous prêts à monter cette opération … »

« … Madame DUPONT... Monsieur DUPONT... supposons... que je vous apporte les preuves... et les garanties... de tout ce que je viens de vous décrire... supposons que je vous apporte...non seulement... les preuves... mais aussi... les garanties... dans ce cas... et dans ce cas seulement... êtes-vous prêts à monter cette opération … »

« *Oui mais on voudrait d'abord la vérifier...* »

« *A condition qu'on puisse l'étudier, pourquoi pas...* »

« *Faut voir... parce qu'on ne s'engage pas comme ça... à la légère...* »

« … Madame DUPONT... Monsieur DUPONT... Vous avez parfaitement raison... et si j'étais à votre place... je réagirais sans doute... comme vous... j'ai bien compris... que cette opération... vous intéresse... mais que... pour autant... vous souhaitez pouvoir... la vérifier... la contrôler... et la valider... c'est bien ça ? »

« … Bien... Madame DUPONT... Monsieur DUPONT... supposons... que je vous apporte les preuves... les garanties... et que je vous donne... le temps... de tout vérifier... et si à l'issue... de vos vérifications... vous avez la certitude... que cette opération vous convient... et répond parfaitement ...à vos attentes... dans ce cas... et dans ce cas seulement... vous la réaliseriez... c'est bien ça ? »

« *Bien sûr !... si tout est vrai et confirmé, il n'y a aucune raison pour que nous ne le fassions pas...* »

« … vous devez vous douter... Madame DUPONT... Monsieur DUPONT... qu'il s'agit d'un produit rare... très recherché... et qui ne court pas les rues... j'ai juste réussi à obtenir... une option sur celui-ci... mais tout simplement... elle n'est valable que jusqu'à demain matin... alors... ce que nous allons faire... pour ne pas qu'il vous échappe... c'est de remplir... dès à présent... le dossier de réservation... comme ça... personne ne pourra vous le prendre ! »

« *Oui... mais si nous le montons maintenant... ça veut dire que nous sommes engagés... et qu'on ne peut plus revenir en arrière...* »

« Madame DUPONT... Monsieur DUPONT.... je tiens à vous rassurer... d'une part…. vous disposez... d'un délai de quinze jours... pour tout annuler... quinze jours... sans aucun motif... sans aucune explication... sans aucun justificatif à fournir... d'autre part…. si je n'obtiens pas... l'accord... de mes partenaires... que ce soit la banque... ou l'assurance... votre dossier serait alors... impossible à monter... et dans ce cas... c'est moi-même... qui l'annulerait... vous comprenez ?... Nous allons donc... monter le dossier... pour qu'au moins... cette opération... ne vous échappe pas... je vous laisse bien sûr... un double... de tout ce que vous aurez signé... et ainsi... vous aurez tout le temps... de vérifier... ça vous convient ? »

« … Madame DUPONT... Monsieur DUPONT... vous venez de remplir... un dossier de réservation... concernant cette opération... dont le but... est de développer du patrimoine... d'augmenter votre sécurité... et celle de votre famille... de préparer votre retraite... en utilisant l'argent de vos impôts... je vous remercie pour votre confiance... je ferai tout ce qui est en mon pouvoir... pour la mériter... pour le moment... je pense... que tout est parfaitement clair pour vous... mais demain ?... Qu'en sera-t-il demain ?... Parce que demain... je ne serai pas là... et demain... je vais vous dire... ce qu'il va vous arriver...

vous allez faire... une grosse crise d'angoisse... parce que tout d'un coup... vous aurez réalisé... que tout est allé trop vite... et vous aurez peut-être même l'envie... de tout annuler... vous me suivez ? »

« ... Madame DUPONT... Monsieur DUPONT... si demain... vous me faites... cette crise d'angoisse... et bien rassurez-vous... c'est pour tout le monde pareil !... Dans ce cas... vous prenez... un cachet d'aspirine... et vous laissez passer quelques heures... et vous verrez... vous n'y penserez même plus... et si le malaise persiste... alors... vous me contactez personnellement... mais surtout... surtout... Madame DUPONT... Monsieur DUPONT... n'annulez pas... n'annulez pas... parce que dans ce cas... je ne pourrai plus rien pour vous... et vous n'aurez plus la moindre chance... de vous lancer... dans ce genre d'opération... vous me suivez ? »

« ... Bon... Madame DUPONT... Monsieur DUPONT... alors... qu'est-ce que je fais de votre dossier ? »

« ... *Comment cela ?* »

« ... Est-ce que je le mets directement à la poubelle ?... Ou est-ce que je le garde ? »

« ... *ah non !... Pas à la poubelle !... Surtout pas !* »

*

* *

D - LA FICHE DE RENSEIGNEMENTS

Renseignements généraux

MONSIEUR	MADAME
Nom	Nom de jeune fille
Prénoms	Prénoms
Date de naissance	Date de naissance
Lieu de naissance	Lieu de naissance
N° téléphone fixe	N° téléphone fixe
N° portable	N° portable
Adresse mail	Adresse mail
Adresse postale	Adresse postale
Situation matrimoniale	Situation matrimoniale
Régime matrimonial	Régime matrimonial

- Si mariage, préciser la date
- Préciser si mariage en communauté ou en séparation de biens

Revenus

MONSIEUR	MADAME
Profession	Profession
Revenus	Revenus
Type de revenus	Type de revenus

(Préciser pour l'un et pour l'autre la nature des revenus : salaires, BNC, BIC, revenus fonciers, dividendes, revenus agricoles, etc....)

Patrimoine immobilier

Résidence principale	Valeur estimée
Résidence secondaire	Valeur estimée
Immeuble de rapport	Valeur estimée
Terrain	Valeur estimée
Autres...	Valeur estimée

- Préciser pour chaque bien sa valeur actuelle estimée, sa date d'acquisition et sa valeur d'achat
- Préciser également s'il y a un crédit en cours et le capital restant dû

Patrimoine mobilier

Assurance vie	Montant
Bourse	Montant
Livret d'épargne	Montant
Codevi	Montant
PEA	Montant
PEL	Montant
Autres	Montant

Engagements financiers

Résidence principale	Montant mensuel
Résidence secondaire	Montant mensuel
Immeuble de rapport	Montant mensuel
Terrain	Montant mensuel
Crédit à la consommation	Montant mensuel
Autres...	Montant mensuel

- Préciser toutes les mensualités crédit par crédit
- Indiquer également les dates de début et les dates de fin de crédit
- Noter enfin les noms des établissements prêteurs

*
* *

E - LA LISTE DES DOCUMENTS

· Photocopie de la carte d'identité recto / verso ou du passeport

· Photocopie du contrat de mariage si régime séparation de biens

· Photocopie du jugement de divorce si divorce prononcé

· Dernière facture EDF ou France Telecom pour justificatif de domicile

· Relevé d'identité bancaire (RIB) et ancienneté du compte

· Photocopie des relevés de tous les comptes bancaires des 3 derniers mois

· Dernière quittance de loyer si locataire

· Attestation du logeur si logement à titre gratuit

·Tableaux d'amortissement pour tout prêt immobilier

· Echéancier pour tout prêt à la consommation

· Les 2 derniers avis d'imposition

· Les 2 dernières déclarations de revenus

· Le dernier avis de taxes foncières

· Les 2 derniers bilans pour commerçant ou dirigeant de société

· Les 2 dernières déclarations 2035 si profession libérale

· Les 3 derniers bulletins de salaire si salarié (plus 13ème et 14ème mois)

· La dernière déclaration 2044 si revenus fonciers

· Les 2 derniers bilans de SCI en cas de SCI

·Tout justificatif de revenus autres que salaires (allocation familiales, pensions, retraites, primes exceptionnelles, plus-values, indemnités, subventions, etc…)

·Tout justificatif de possession de portefeuille mobilier (actions, PEA, PEL, livret d'épargne, Codevi, etc…) nom et prénom + adresse + numéro de téléphone + mail + n° RCS + n° ORIAS + n° RCP

*

* *

www.ingramcontent.com/pod-product-compliance
Lightning Source LLC
Chambersburg PA
CBHW052323220526
45472CB00001B/244